# CRÉBILLON FILS:
## ÉCONOMIE ÉROTIQUE ET NARRATIVE

# FRENCH FORUM MONOGRAPHS

## 52

*Editors* R.C. LA CHARITÉ and V.A. LA CHARITÉ

For complete listing, see page 177

# CRÉBILLON FILS

## ÉCONOMIE ÉROTIQUE ET NARRATIVE

JEAN R. JOSEPH

FRENCH FORUM, PUBLISHERS
LEXINGTON, KENTUCKY

843
C91 xj

87-3636

Library of Congress Catalog Card Number 84-80767

ISBN 0-917058-52-6

*Printed in the United States of America*

A tous ceux, parents, professeurs et amis, sans l'aide de qui ce travail n'aurait pu être conçu ni mené à bien.

# TABLE DES MATIÈRES

## TROISIÈME PARTIE
### LE JEU DU FURET:
### CIRCULATION, CONTAGION

# TABLE DES ÉDITIONS CITÉES

## I. Editions modernes

titre
en
abrégé

Tanz.     *L'Ecumoire, ou Tanzaï et Néadarné, histoire japonaise* (1734). Ed. Ernest Sturm. Paris: Nizet, 1976.

Egar.     *Les Egarements du cœur et de l'esprit, ou les Mémoires de M. de Meilcour* (1736-1738). Ed. Pierre Lièvre. Paris: Le Divan, 1929.

Nuit     *La Nuit et le moment* (1755). *Le Hasard du coin du feu* (1763).
Has.     Ed. Pierre Lièvre. Paris: Le Divan, 1929.

Sopha     *Le Sopha: Conte moral* (1742). Ed. Pierre Lièvre. Paris: Le Divan, 1930.

## II. Edition originale

*Collection complète des œuvres de M. de Crébillon le fils.* 7 vols. Londres, 1772.

titre
en
abrégé

Mar.     *Lettres de la Marquise de M*** au Comte de R*** (1732), Vol. II.

Syl.     *Le Sylphe* (1728), Vol. II.

Ah     *Ah, quel conte!* (1754), Vol. IV.

H.O.     *Les Heureux Orphelins, histoire imitée de l'anglois* (1754), Vol. IV.

L.A.     *Lettres athéniennes, extraites du portefueille d'Alcibiade* (1771), Vols. V-VI.

Duch.     *Lettres de la Duchesse de *** au Duc de *** (1768), Vol. VII.

# INTRODUCTION

En même temps que se multiplient les études consacrées à Crébillon fils s'ébauche de plus sensiblement une remise en cause du rôle et de la place qu'il convient de lui assigner au sein de la production littéraire de son temps et, d'une façon plus générale, de la tradition littéraire française tout entière. A l'image d'un peintre talentueux mais limité des mœurs contemporaines, ou encore, d'un auteur libertin de second rayon, digne tout au plus d'être mentionné en tant que précurseur de Laclos, se substitue progressivement celle d'un écrivain pleinement conscient de son art et des pouvoirs qu'il lui confère dans le champ qu'il s'est fixé.

Aux analyses portant sur les techniques mises en œuvre par le conteur,[1] ainsi qu'aux réflexions sur l'art du conte dont est ponctuée la quasi totalité du corpus crébillonien, ont ainsi succédé des travaux dans des champs aussi divers que ceux de la socio-critique[2] ou de la stylistique.[3] L'ouvrage récent de Bernadette Fort a tout particulièrement mis en valeur chez l'auteur des *Egarements* les rapports qui s'instaurent entre un style dont l'extrême complexité va parfois jusqu'à une obscurité voulue, et l'ambiguïté fondamentale propre à l'univers de valeurs et de conduites dont cette complexité même constitue, au niveau du texte, le reflet le plus fidèle:

Lire Crébillon, c'est s'interroger à chaque instant sur le sens et la valeur des mots, sur l'à-propos de tel mode d'énonciation, sur l'efficacité de telle ou telle tactique rhétorique. C'est explorer les pièges et les dangers que cache le langage, mais aussi mesurer l'étendue du pouvoir qu'il confère et goûter le plaisir esthétique qu'il procure.[4]

Le présent travail constituera le lieu d'une semblable réflexion, mais à un niveau différent, compte tenu des observations suivantes:

—Il est un fait constant que l'auteur des *Egarements* revient inlassablement à un sujet unique qu'il traite et développe sous les espèces de variations multiples et infiniment récurrentes: soit celui de la cour amoureuse et/ou érotique.

—S'affrontent, dans le cadre de cette cour, des intérêts divers et opposés susceptibles de dicter à chacune des parties en présence, et en fonction du sexe qui lui est afférent, des conduites tendant à précipiter, retarder ou rendre à jamais impossible l'instant de la conjonction sexuelle.

—Ces intérêts, le texte en rend compte par un recours systématique à une terminologie dont le champ est double: tout d'abord un vocabulaire hérité

des *moralistes* du siècle précédent, ensuite toute une terminologie empruntée à la sphère de l'échange, verbal ou non, ou plus largement, de la communication.

Il a donc paru fructueux de procéder, dans les deux premières parties de
la présente étude, à une analyse serrée et, autant que faire se peut, exhaustive d'une œuvre particulière de Crébillon, soit *Le Hasard du coin du feu*,
compte tenu, d'une part, de l'envergure limitée du corpus qu'elle propose
au regard critique, compte tenu, d'autre part, de ce qu'elle constitue l'une
des manifestations les plus accomplies de l'art auquel l'auteur doit une part
de sa réputation: soit le *dialogue*.

On mènera cette analyse à la lumière des principes dégagés, dans la trace
des courants formalistes russes et pragois, par les représentants de l'approche
sémiotique *stricto sensu*: soit tout particulièrement les travaux de Greimas
dans le champ de la signification et des mécanismes assurant le fonctionnement du discours narratif en général. Ce travail conduira tout d'abord à
élaborer une théorie générale des contrats et des luttes, laquelle fournira
la base nécessaire à la mise en place d'une grammaire et d'une économie
narratives exerçant leur emprise à deux niveaux à la fois distincts et indissociables. Tout d'abord celui des lois qui gouvernent le discours narratif
proprement dit, ainsi que l'activité de narration qui l'engendre; en second
lieu, celui des lois régissant, à l'intérieur d'un monde dont l'œuvre tout
entière s'offre comme le reflet fidèle, les échanges divers inhérents à tout
commerce amoureux: car ce monde est un marché où se font, se défont et
circulent les réputations.

Après avoir procédé à cette mise en place, dont les éléments de preuve
seront tirés de l'entière production littéraire de Crébillon, on proposera une
analyse sémiotique du *Hasard* proprement dit, selon une approche directement inspirée des travaux par lesquels, dans sa *Sémantique structurale*,
Greimas approfondit, en les formalisant plus à fond, les principes d'analyse
du récit dégagés par la *Morphologie du conte populaire* de Propp. Il s'agira
ici de dégager quelles relations et correspondances s'établissent, dans le
dialogue considéré, entre diverses grammaires et économies: soit, au niveau
littéraire proprement dit, entre celles qui gouvernent le conte merveilleux,
d'une part, et le récit-dialogue libertin, de l'autre; soit encore, et dans le
cadre des rapports qui se font jour au sein d'une œuvre dominée par une
universelle obédience au double principe de récurrence et d'enchâssement,
entre celles qui régissent le *Hasard* pris en tant que récit, d'une part, et les
récits enchâssés qu'il abrite en son sein, de l'autre.

Les deux premières parties de la présente étude considéreront donc le
récit-dialogue qu'est le *Hasard* comme un syntagme narratif constituant, au
même titre que ceux qui sont enchâssés en lui, la version ''développée'' sur

l'axe de successivité événementielle d'un système de significations et valeurs relevant, lui, de l'ordre paradigmatique et dont les termes s'articulent selon l'armature fournie par la structure de base qu'est le carré sémiotique.

La troisième et dernière section sera essentiellement consacrée aux jeux divers dont le tissu textuel est à la fois le lieu privilégié et le prétexte. Ces jeux—jeux sur les signifiants, jeux sur les signifiés, jeux *entre* signifiants et signifiés—on tentera de les repérer par une approche quasi-contrapuntique d'un discours que sa plurivocité et les ambiguïtés qui lui confèrent sa vie propre rapprochent singulièrement d'une partition musicale qu'il conviendrait tout à la fois de déchiffrer et—puisque nous sommes au dix-huitième siècle—de réaliser.

Cette analyse fort souple ne se refusera pas à un certain éclectisme critique tout en maintenant son obédience de base à l'un des principes ayant gouverné la conduite des deux premières parties de ce travail: soit la prise en considération, au niveau du signifié, de couples binaires, de paires minimales de signification en accord étroit tant avec la pratique sémiotique la plus stricte qu'avec les oppositions fondamentales selon lesquelles Crébillon lui-même dispose et articule les éléments du monde-système dont il est à la fois démiurge et peintre.

Cette dernière partie conduira à préciser et approfondir le concept d'échange et les modalités selon lesquelles il s'actualise dans l'univers crébillonien, au niveau du signifiant comme à celui du signifié. Un double travail d'analyse rhétorique et thématique permettra de mettre en lumière les rapports liant indissociablement ici cœur, corps et esprit, en même temps que de dégager de plus en plus sensiblement les lois qui gouvernent un système dans lequel les échanges, les *transferts*, portent non seulement sur des objets-valeurs relevant de la dimension éthique et passionnelle (esprit/mépris, tendresse/goût), mais encore sur des affections du corps. Valeurs morales et maladie physique sont ici l'avers et le revers de la même médaille: l'économie crébillonienne est en dernier ressort économie *clinique*, et la modalité fondamentale selon laquelle elle fonctionne est celle de la *contagion*.

# PREMIÈRE PARTIE

## PRINCIPES GÉNÉRAUX D'ANALYSE:

## LE SYSTÈME

# Chapitre I

## FORMALISATION DES CONTRATS ET DES LUTTES

Il n'est rien dans l'univers humain, univers de la signification, qui ne soit susceptible de produire du sens. En particulier tout mouvement ou toute absence de mouvement, pour peu qu'ils soient perçus par un sujet pensant, se chargeront automatiquement d'une signification particulière. Bien plus, et conformément à l'approche sémiologique, chacun de deux termes se définit lui-même par le rapport qu'il entretient avec l'autre: tout mouvement, tout déplacement quelconque n'est signifiant qu'en tant qu'il renvoie à une immobilité possible mais non actualisée, et inversement.

Ainsi, l'absence de mouvement, perçue comme état, et qui relève de la classe des prédicats statiques, des *qualifications*,[1] s'oppose au mouvement, perçu comme procès, et qui relève, lui, de la classe des prédicats dynamiques, des *fonctions*.[2] Tout désir peut alors s'analyser comme désir de passer d'un état actuel 1 à un état virtuel 2, par l'intermédiaire d'un procès lui aussi virtuel. Il se révèle alors que l'objet du désir n'est pas la chose ou l'être lui-même, mais bien l'état auquel leur appropriation permettra d'accéder.

La sphère du désir peut par ailleurs s'inventorier en fonction du concept de jonction, que la théorie sémiologique subdivise en deux termes opposés, disjonction et conjonction: si l'état de désir relève du premier, l'état de possession relève bien évidemment du second, et c'est le procès d'appropriation qui permet de passer de la disjonction initiale à la conjonction finale.

Il faut ajouter qu'à l'inverse, ce qui a été joint au sujet désirant, se trouve, au terme de ce procès, obligatoirement disjoint de l'ensemble que le désir de celui-ci a constitué en objet: le comblement d'une aliénation passe par une aliénation imposée à un autre qui peut se manifester sous les sphères les plus diverses, puisqu'il est humain aussi bien que non humain, animé aussi bien que non animé, et que la résistance qu'il oppose aux efforts du sujet peut être passive aussi bien qu'active.

Dans la sphère sociale toutefois, s'approprier un objet appartenant à autrui, c'est introduire un déséquilibre au sein de l'harmonie initiale, statique par essence; c'est menacer la stabilité sur laquelle est fondée la perpétuation du corps social tout entier, puisqu'on met ainsi en branle une série linéaire et infiniment récursive de procès appropriateurs et d'aliénations successives, tour à tour infligés et subis.

Dans les rapports entre individus, tout moyen d'appropriation censé satisfaire un désir qui ne connaîtrait que sa propre loi, se voit donc assorti d'une valeur négative, puisqu'une telle appropriation suscite fatalement un *manque*, un creux, une aliénation au sein du non-moi. Ainsi devrait être bannie la violence, déplacement de sujets ayant pour fin un déplacement d'objet. La violence, invasion unilatérale du territoire, de l'espace vital entendu au sens large, d'autrui, vise à extraire de ce territoire l'objet convoité par l'agresseur; mais elle a pour conséquence immédiate l'instauration d'un procès inverse par lequel l'agressé—ou ceux qui le représentent—devenu à son tour agresseur, tente de récupérer ce qui lui a été soustrait; et la répétition, *ad infinitum,* de ce procès, ne fait bien sûr que perpétuer la disjonction initiale.

De là, à côté des moyens d'appropriation fondés sur l'autonomie d'un désir unilatéral, le recours à un contrat qui entraîne entre deux sujets désirants, l'échange de deux objets sur lesquels ceux-ci font porter leurs désirs respectifs. Il en résultera un double déplacement: chaque objet viendra ainsi combler chez chacun des contractants l'aliénation que doit provoquer l'abandon de l'objet auquel il était conjoint. Un tel échange n'est cependant concevable que par la reconnaissance d'une instance médiatrice, celle de la valeur que chaque partie attribue à ce dont elle se défait et à ce qu'elle désire acquérir; cette valeur relève elle-même de la sphère des qualifications, à laquelle j'ai fait allusion au début de cette section, sphère dont émane, en fait, la toute-puissance de la Loi. On se trouve alors en présence d'une relation non plus à deux, mais bien à trois termes, relation triangulaire en tous points conforme aux lois fondamentales de la signification, celles-ci présupposant la nécessité d'un ensemble organique, du cadre d'une structure où les deux éléments de base sont susceptibles d'être repris à un niveau immédiatement supérieur, par un troisième élément, selon le schéma ci-dessous:

Il faut préciser, avant d'aller plus avant, que cette Loi-Valeur—cette valeur-loi—constitue un point focal "idéal"; le monde réel n'est jamais en effet que la représentation du sujet désirant. Compte tenu de la subjectivité propre à chacun des co-contractants, la focalisation n'est donc jamais parfaite, d'où la présence d'une marge d'erreur au niveau de l'appréciation de la "valeur d'échange" des deux objets ou prestations sur lesquels porte le contrat. Cette erreur pourra se manifester sous les espèces d'une sur-estimation ou d'une sous-estimation de la valeur d'échange précitée. Il va de soi que, pour des raisons pratiques, une telle bavure, tant qu'elle n'a qu'une portée limitée, ne peut constituer un obstacle à la réalisation future du contrat. Cependant, ainsi qu'on le verra plus loin, la subjectivité des co-contractants vient précisément assigner des limites à la mise en pratique du principe, puisqu'elle retentit sur l'appréciation de la valeur non seulement quantitative, mais aussi qualitative qu'elle attribue aux deux objets sur lesquels porte l'échange.

Avant de poursuivre, il convient donc de formaliser les règles qui génèrent la formation des contrats. Nous étudierons ces règles à la lumière du concept de déplacement—de sujet et d'objet—utilisé plus haut pour rendre compte de l'appropriation unilatérale par la violence.

On rappellera tout d'abord que tout contrat repose sur un double déplacement de volontés; celui-ci présuppose un accord touchant les deux prestations réciproques qui constituent en fait l'objet du contrat, et débouchent sur la délimitation d'une zone contractuelle. Cette rencontre des volontés s'effectue en relation directe avec les zones déictiques selon lesquelles les parties ventilent les contenus respectifs de leur "capacité désirante," mais aussi sous l'égide de la Loi suprême qui régit la passation des contrats: les volontés capables et efficaces des parties en présence devront s'appliquer à un objet à la fois existant et licite, à défaut de quoi le contrat sera nul, et toute exécution de celui-ci constituera du même coup une rupture d'avec la sphère de la Loi.

Il résulte des observations qui précèdent que toute conduite tendant à faire obstacle à la manifestation pleine et entière de la volonté d'un co-contractant, fera également obstacle à la validité du contrat aux yeux de cette même Loi. A l'hypothèse de la violence physique ou morale, analysée plus haut, viendra d'ailleurs se joindre et s'assimiler la tromperie. Celle-ci peut s'analyser, elle aussi, comme un déplacement unilatéral au terme duquel le territoire de l'autre fait l'objet d'une invasion. Cependant, si pour la violence ce territoire est essentiellement physique (ou moral), le territoire sur lequel la tromperie exerce ce qu'on pourrait définir comme "violence logique" est par conséquent territoire logique, étroitement lié aux modalités selon lesquelles s'effectue l'appréhension de l'univers déchiffrable par le sujet. Qu'il s'agisse de la violence ou de la tromperie, on est dans le champ de la transgression, aux divers sens du terme, puisque l'une comme l'autre est fondamentalement une contravention à la loi des contrats, ou encore à cette loi, chère aux théoriciens du XVIIIe siècle, par laquelle seul ce qui est contractuel est légal.

La tromperie, invasion d'un espace logique désirant, a pour conséquence le déplacement illégal d'un objet désiré; elle porte, en fait, double disjonction, celle du sujet victime d'avec sa volonté, d'une part, et d'avec l'objet dont il avait préalablement la possession, de l'autre.

La disjonction qu'introduit toute erreur, qu'elle soit spontanée ou provoquée par la tromperie, peut se manifester dans les divers champs de la valeur, de la nature ou même de l'existence de l'objet, le concept de valeur pris au sens le plus large pouvant d'ailleurs subsumer les deux dernières hypothèses.

Il importe, d'autre part, pour que l'efficacité des volontés soit pleine et entière, que le déplacement de ces volontés se manifeste au niveau du paraître, soit par des paroles, soit, dans le cas de l'acceptation tacite, par une gestuelle qui tirera sa signification de la situation matérielle dans laquelle vient s'insérer la passation du contrat.

La validité du contrat hors de doute, on pourra procéder à son exécution, laquelle se manifestera par un double déplacement d'objets. De chaque côté, chaque disjonction-perte trouvera compensation dans une conjonction-gain. Et ainsi se verra sauvegardé le principe de stabilité qui gouverne la sphère des qualifications propres au "non-moi" social.

On doit ici rappeler que dans l'analyse sémiotique telle qu'elle résulte des travaux de Greimas, l'emprise de la loi contractuelle sur les rapports interindividuels est encore plus puissante qu'on ne pourrait l'imaginer au premier abord. Considérons en effet l'hypothèse où un différend sur la valeur des prestations réciproques ferait obstacle à la conclusion de tout accord, et où chacune des parties, ne consultant d'autre loi que son désir, recourrait à la violence. Puisque toute violence unilatérale ayant pour fin l'appropriation d'un objet est susceptible de déclencher en retour une violence dirigée en sens inverse et ayant pour objet la conservation ou la récupération de l'objet, la violence unilatérale devient bien vite violence bilatérale ou *lutte*.[3]

Mais, ainsi que le rappelle Greimas, une telle lutte ne peut à son tour s'engager que s'il y a accord entre les deux adversaires, qui deviennent ainsi parties à un contrat préliminaire à tout affrontement; cet accord porte sur le procès d'affrontement qui lui sera consécutif, mais aussi sur l'objet sur lequel portera lui-même cet affrontement; au niveau de la praxis, il régira également les instruments qui seront affectés à la lutte. Un tel accord rend possible, en somme, la détermination, d'une importance capitale, d'un champ de lutte de nature double, puisqu'il est en même temps champ pratique et champ téléologique. Dans l'analyse greimasienne de la grammaire des récits, c'est sa conjonction avec la lutte qu'il introduit qui constitue l'unité narrative essentielle que constitue l'*épreuve*.

A l'inverse, pour qu'une lutte trouve un terme, il est nécessaire d'aboutir à un autre accord, par lequel l'un des adversaires reconnaît sa défaite et la victoire de l'autre. Ce contrat conclusif, sans lequel la lutte, continuant *ad infinitum*, deviendra vendetta, c'est le *traité*. En même temps qu'A y reconnaît la victoire de B, il entérine la transmission à celui-ci de l'objet litigieux. Tout se passe en fait comme si A reconnaissait qu'il se contente de restituer à B ce qui lui appartenait légitimement dès l'origine, de rétablir, en nature ou par une compensation fondée une fois de plus sur le concept de valeur, la conjonction initiale entre B et l'objet dont il aurait été disjoint.

Délimitée par un contrat introductif et un contrat conclusif, la lutte va s'engager sur un terrain lui-même en relation étroite avec son objet immédiat, à savoir la victoire-défaite, dont l'obtention résultera directement de l'application d'une stratégie et d'une tactique. On rappellera que tout champ de lutte est obligatoirement champ de significations; il est le lieu potentiel de déplacements signifiants—d'ordre physique ou dialectique—relevant de la sphère de la communication, qu'il appartient à la stratégie de cerner à l'avance, et à la tactique de réaliser.

Dans une telle optique, toute altération apportée à la localisation du champ de lutte aura des répercussions au niveau des possibilités de procès de communication ainsi que des combinaisons auxquelles ceux-ci peuvent donner lieu.

Il s'établit, d'autre part, au sein de toute lutte, une réversibilité totale entre parole et action. En premier lieu, toute parole pourra, dans le cadre d'une lutte verbale, s'analyser en tant que déplacement, acquérant ainsi le statut de parole-procès, en rapport direct avec la situation d'énonciation dans laquelle sont impliqués les sujets adversaires. Inversement, dans le cadre d'une lutte non verbale où les déplacements sont soumis à codification, tout déplacement peut à son tour s'analyser en tant qu'acte de parole-énonciation, donc comme susceptible d'avoir un énoncé. En toute hypothèse il existera toujours un code minimum, aussi brutale et élémentaire que soit la lutte considérée. On notera cependant—et ce point jouera un rôle primordial dans l'analyse à laquelle ces développements servent d'introduction—que plus la codification est forte, plus le système s'impose à la perception des antagonistes, et plus ce qui normalement relèverait du champ de l'indice,[4] en liaison avec des actions-procès envisagées comme discrètes, glissera au contraire vers la zone propre au signe pur, élément signifiant indissociable du système auquel il appartient.

Il va de soi que toute lutte présuppose un accord des adversaires sur le champ sur lequel se déroulera l'affrontement, en sorte que paroles et actions puissent s'interpréter, puissent jouer leur rôle de porteurs de signification, pointer en direction de causes passées et de conséquences futures possibles. A l'intérieur de ce champ soumis à délimitation, se dégageront alors des positions, que tiendront respectivement les adversaires, chacun s'efforçant tantôt de pénétrer sur le territoire de l'autre, tantôt au contraire en contraignant celui-ci à en sortir pour livrer bataille sue le sien propre, de l'amener ainsi à se découvrir, à s'exposer. Il va de soi qu'une telle tactique n'est concevable que par l'adjonction à la violence proprement dite, de la tromperie, élément non seulement licite, mais nécessaire à toute lutte. Il importe en effet tout autant de déchiffrer le message que constitue le champ de bataille tout entier et le code qui lui est sous-jacent, que de faire obstacle à ce que l'adversaire puisse procéder au même déchiffrement. Ainsi tout affrontement présuppose le recours au *leurre*; tout bon combattant doit savoir utiliser la feinte dans le cadre des déplacements selon lesquels s'articulera la lutte. Et le contrat-traité préliminaire à l'ouverture de celle-ci doit alors s'analyser comme portant lui-même suspension de la prohibition de toute tromperie au cours de l'affrontement.

Réciproquement—et nous abordons là un point capital—tant, et dès qu'il y a tromperie, il y a lutte, puisque le contrat-traité qui met un terme à celle-ci doit être en tous points conforme à une loi contractuelle qui exclut précisément l'erreur provoquée: c'est théoriquement, en toute connaissance de cause, que le vaincu accepte tant sa défaite que les conditions selon lesquelles le vainqueur aménage sa victoire.

Parvenu à ce stade de la formalisation en cours, on est bien obligé d'admettre qu'on est en plein paradoxe: en effet, si d'un côté toute épreuve (définie comme l'ensemble formé par le contrat préliminaire à la lutte et cette lutte elle-même) doit, pour qu'on puisse en fixer les termes, s'ouvrir et se clore par un contrat, de l'autre il serait difficile d'envisager l'existence d'un contrat dont la conclusion ne présupposerait pas l'existence de tractations préliminaires. Or, ces dernières, qui relèvent de la sphère de la lutte, impliquent donc, dans une certaine mesure, la possibilité d'un recours à la tromperie que favorise par ailleurs l'aptitude propre à tout être de désir, à commettre des erreurs sur la valeur de l'objet désiré.

Dans une certaine mesure, mais laquelle? On sait que dans la discipline juridique, le concept de lésion permet de conclure à la nullité de certains contrats, eu égard à la nature de leur objet, d'une part (critère qualitatif), à l'étendue de l'erreur sur la valeur de l'objet en question, de l'autre (critère quantitatif). Il suffirait donc que l'un des co-contractants se sente lésé pour que la contestation qu'il élèvera relativement à la validité d'une convention se résolve en une lutte dont la tromperie sera l'un des éléments constitutifs. Et dans l'analyse greimassienne des récits, si le héros est celui qu'une tromperie initiale a disjoint d'un objet qui lui appartenait par la loi des contrats, et le traître celui qui porte la responsabilité d'une telle disjonction, il est toujours possible à celui qui refuse l'exécution d'un contrat supposé, de fonder son refus sur une tromperie ou violence initiale dont il aurait lui-même été victime; de traître, il deviendrait alors automatiquement héros virtuel, quitte à conserver ou perdre ce nouveau statut en fonction du succès de la lutte qu'il a décidé d'engager.

C'est ainsi que, chez Crébillon, le héros libertin justifie ses agissements dans la double sphère de la mondanité et du désir sexuel. Tantôt, tel le Versac des *Egarements*, il s'attache à exploiter une société qui, tout entière régie par un système de valeurs féminines—et donc factices à ses yeux—l'a contraint à se dénaturer afin de survivre. Tantôt, tel le Chester des *Heureux Orphelins*, il arguë de la duperie de ce qu'il avait cru être un premier amour pour perpétuer dans ses entreprises érotiques cette tromperie initiale. Dans les deux hypothèses, dans le champ social ou individuel, ce à quoi le héros libertin va tendre, c'est à conduire ses actions en fonction d'un système absolument inverse à celui selon lequel il est censé modeler sa conduite.

On sait que dans l'analyse greimassienne tout système légal s'articule selon deux axes sémantiques, celui de l'injonctif et celui du facultatif, chacun de ces deux axes s'articulant lui-même en un terme positif et un terme négatif en rapport de présupposition réciproque, conformément au carré ci-dessous:

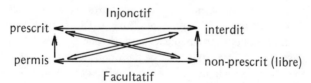

Tout rejet d'un tel système aura pour effet immédiat la constitution d'un système antagoniste dans lequel, si les quatre termes sont toujours présents, leurs contenus varieront en fonction des valeurs élues par celui qui s'en fait à la fois le destinateur et le bénéficiaire.

Ainsi qu'on va le voir, le cadre logique du récit crébillonien se définit en grande partie par la multiplicité des systèmes légaux qui en régissent le fonctionnement, et c'est précisément cette multiplicité qui constitue l'instance génératrice fondamentale des récits, des syntagmes diégétiques qui s'y développent. C'est à la lumière de ce principe que nous nous engagerons dans l'étude de l'œuvre qui fera l'objet principal du présent travail, soit *Le Hasard du coin du feu*. C'est ainsi qu'avant de procéder à une analyse proprement diégétique du dialogue choisi, nous établirons les statuts respectifs de ces trois protagonistes, et cela à la lumière des systèmes de valeurs par rapport auxquels ceux-ci se définissent.

Dans cet examen, nous ne nous priverons d'ailleurs pas de chercher confirmation à certaines de nos observations ou thèses dans d'autres sections du corpus crébillonien tout entier; étant bien entendu que si nous avons privilégié *Le Hasard* pour une analyse sémiotique qui se veut exhaustive, c'est que ce texte semblait concilier idéalement simplicité et complexité: par sa brièveté relative et le nombre limité de ses protagonistes, mais aussi par l'enchevêtrement des intérêts convergents aussi bien qu'opposés qui s'y manifeste. Nous ajouterons toutefois que cette décision est aussi bien le résultat d'un pari par lequel, ayant le choix entre un dialogue à deux protagonistes (*La Nuit et le moment*) et un dialogue à trois interlocuteurs, nous nous sommes déterminé, en fonction de réflexions qui, nous l'espérons, porteront leurs fruits tout au long de ce travail, à privilégier un *système à trois*.

Nous nous attacherons donc, tout d'abord, à déterminer dans quel(s) système(s) contractuel(s) viennent s'intégrer les trois interlocuteurs principaux: Célie, la Marquise et le Duc. Puisqu'il s'agit ici d'un dialogue, au cours duquel s'affronteront des thèse divergentes, chacun d'entre eux doit logiquement incarner une éthique—ainsi qu'une pratique—particulière, dont il conviendra de définir les éléments ainsi que les règles de fonctionnement. Il importe toutefois de rappeler, dès à présent, qu'ils vivent tous trois au sein d'une cellule sociale particulière, *le monde*. Si celui-ci peut se définir en fonction d'un certain nombre de traits constitutifs liés à des critères de rang social, de fortune, d'éducation, etc., il est d'autre part évident que, malgré sa clôture, et peut-être même à cause de celle-ci, il doit aussi se définir par rapport à ce qui n'est pas lui, à ce par opposition à quoi il s'est constitué: comme l'espace tragique racinien, il n'existe qu'en fonction de ce qui l'englobe et de ce contre quoi sa clôture le défend.

Le monde et le non-monde, que nous désignerons ici par le terme de *société*, se composent bien sûr de lieux, des habitants qui les peuplent, mais aussi des systèmes de valeurs qui sous-tendent les actions de ces derniers. On appartient au monde et à la société parce qu'on y est physiquement présent, mais aussi parce qu'on est partie à un contrat fondamental, de "socialité" ou de "mondanité." Ces contrats générateurs et les systèmes de valeurs qui les informent sont à leur tour générateurs de contrats de rang inférieur possibles entre ceux qui y ont souscrit. Au nombre de ces contrats individuels, et compte tenu du type de préoccupations propres aux héros et héroïnes de Crébillon, vont évidemment figurer les contrats à objet sexuel que les représentants d'un sexe peuvent envisager de passer avec ceux de l'autre. Et c'est à leurs conditions d'existence et de fonctionnement que sera essentiellement consacré le chapitre qui va suivre.

# Chapitre II

# SYSTÈMES GÉNÉRATEURS ET CONTRATS GÉNÉRÉS

Les systèmes contractuels propres à l'univers crébillonien sont au nombre de trois, les deux premiers étant en relation antithétique, et le troisième s'efforçant à son tour d'apporter une solution de nature synthétique—nous verrons à quel prix—à un antagonisme qui risquerait de rendre impossible le fonctionnement d'un certain type de communauté humaine. Viendront donc s'opposer dans les développements qui suivront un système contractuel que nous qualifierons de "social," en tant qu'il est à la fois modèle et émanation d'une collectivité donnée, et un système contractuel individuel fondé sur la satisfaction de désirs théoriquement non socialisables; quant à la tentative de réconciliation annoncée plus haut, elle figurera dans notre étude sous les espèces d'un contrat qualifié de mondain.

## A. Le Système contractuel social et les contrats sexuels qu'il génère

Les valeurs, les "qualifications" autour desquelles s'articule ce système sont fonction d'une certaine conception de l'être humain, indépendamment de son sexe. Elles trouvent leur source dans une tradition éthique et religieuse—système judéo-chrétien—qui, formalisée et laïcisée par les moralistes du XVIIe siècle, se manifeste dans l'œuvre de Crébillon, sous les espèces de la raison. L'individu s'y trouve intégré au sein d'un modèle actantiel du type suivant, où l'on remarquera qu'il est à la fois sujet et destinataire des objets-valeurs: [1]

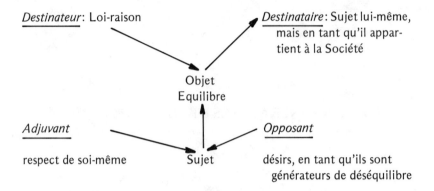

*Destinateur*: Loi-raison          *Destinataire*: Sujet lui-même,
                                              mais en tant qu'il appar-
                                              tient à la Société

                         Objet
                       Equilibre

*Adjuvant*                              *Opposant*

respect de soi-même        Sujet        désirs, en tant qu'ils sont
                                              générateurs de déséquilibre

Avant de poursuivre plus avant, deux remarques s'imposent:

On a vu qu'apparaissent, face à l'individu, deux instances collectives, la "société" et le "monde," lequel sera défini plus loin. On peut, bien sûr, appartenir à la première tout en restant à l'extérieur du second; mais alors, on ne figure pas dans l'œuvre de Crébillon. Inversement, dès qu'on apparaît dans celle-ci, on fait, bon gré mal gré, partie d'un monde aux lois duquel on va peu à peu devoir se soumettre. Ainsi, dans *Les Egarements du cœur et de l'esprit*, bien que la jeune Hortense et sa mère, Madame de Théville, apparaissent tout à fait étrangères aux désirs, aux appétits, aux calculs ou aux vices des autres protagonistes, il n'en reste pas moins que leur présence au sein de la communauté mondaine et libertine doit logiquement avoir des retentissements sur leur statut présent et futur dans le roman.

De cette première remarque, on peut conclure à l'existence de deux principes, lesquels régissent deux niveaux différents de l'activité narrative. Le premier est en quelque sorte "principe de présence" (ou d'exclusion): il régit les apparitions d'acteurs possibles au sein du dispositif narratif crébillonien, dans la mesure où ce dernier n'est susceptible d'accueillir qu'un certain type d'acteur—lequel peut d'ailleurs prendre figure humaine tout aussi bien qu'avoir nature d'élément constituant d'un environnement physique ou humain particulier. Le second principe est principe de transformation et régit, cette fois au niveau du représenté, les modifications susceptibles d'affecter les acteurs que le dispositif originel va mettre en mouvement. Principes que les développements qui suivront expliciteront tout en détaillant le fonctionnement.

La deuxième remarque posera en principe que l'on ne peut appartenir au monde sans appartenir en même temps—en fait, chronologiquement aussi bien que logiquement d'abord—à la société. On verra que cette appartenance s'affirmera d'autant plus que le sujet crébillonien, dans certains cas-limites, tentera de rejeter le système de valeurs fondamental au profit d'un système antagoniste fondé sur la pleine et entière satisfaction des désirs individuels.

Après avoir satisfait à ces considérations préliminaires, déterminons à présent quels retentissements les quatre catégories, dégagées plus haut, du prescrit, de l'interdit, du permis et du licite, vont avoir au niveau des contrats sexuels dans lesquels les protagonistes sont susceptibles de s'engager.

Considérons tout d'abord la femme. On notera immédiatement que l'œuvre de Crébillon se subdivise ici en deux sous-catégories. Si dans la première, celle du conte libertin, son statut matrimonial est relativement indifférent, dans la seconde, c'est-à-dire dans celle qui regroupe les œuvres "réalistes" d'un Crébillon qui serait le "peintre fidèle" d'une société donnée, toutes les figures féminines de premier plan sont mariées ou l'ont été, ce qui revient au même (toutes sauf une importante exception, sur laquelle il conviendra de revenir). Le mariage est ici un rite nécessaire qui les définit en tant qu'héroïnes possibles. On ajoutera que dans les deux contes où Crébillon reprend, sous une forme parodique, la technique du récit féerique à mariage conclusif, l'héroïne se définit, en fait, par la relation de manque qui régit son rapport au mariage, tout particulièrement un mariage consommé par l'avènement duquel le récit doit, en toute logique, se résoudre: si un récit peut s'analyser comme la prédication d'un syntagme nominal initial, Néadarné et Manzaïde, princesses enchantées de *L'Ecumoire* et de *Ah, quel conte!*, ne seront véritablement elles-mêmes que lorsque, l'enchantement levé, elles se verront enfin *complètement* mariées.

Si le mariage—actuel ou virtuel—apparaît comme pratiquement obligatoire, les contrats emportant rapports sexuels hors mariage sont par contre prohibés. C'est d'ailleurs ici qu'apparaît l'intérêt de la distinction, opérée plus haut, entre "principe de présence" et "principe de transformation": en effet, si dans le système de valeurs sociales régissant les personnages, ces contrats appartiennent à la zone du prohibé, au sein du dispositif narratif crébillonien ils relèvent au contraire de l'obligatoire: sauf l'Hortense des *Egarements* et la Duchesse des *Lettres de la Duchesse*, toutes les héroïnes de Crébillon tombent, tôt ou tard.[2]

Passant du prohibé au permis, il apparaît que si l'on parle beaucoup, dans les œuvres de Crébillon, de l'amour platonique auquel revient cette troisième rubrique, mises à part toutefois les deux exceptions précitées, il n'est pas opérationnel. Quant au licite, il consisterait dans un célibat prolongé qui s'actualise chez Crébillon soit sous les espèces de la dévotion, soit sous celles de la retraite définitive: en fait, à la seule "vierge sage" de l'œuvre de Crébillon, l'Almaïde du *Sopha*, échoit, ainsi qu'on le verra plus loin, l'un des pires sorts que l'auteur se soit complu à attribuer à ses créatures. Ce qui est licite dans le système représenté aurait donc statut d'interdit dans le système représentant.

Des femmes, passons aux hommes. Si dans les récits "réalistes" la femme est généralement mariée, le statut de l'homme est généralement indifférent, sauf s'il n'apparaît qu'à titre de comparse, d'utilité, grâce à qui la femme acquiert le statut narratif qui lui est nécessaire: la Marquise comme la Duchesse des deux *Lettres* ont besoin d'un Marquis ou d'un Duc pour accéder à l'existence romanesque.[3] Il faut cependant ajouter que le célibat d'un protagoniste peut se voir charger d'un potentiel particulier, mais là encore, en fonction d'une union possible ou probable: ainsi le célibat du Duc, au terme des *Lettres de la Duchesse,* rend d'autant plus poignant et exemplaire le refus que l'héroïne, à présent libre, oppose à son offre de mariage. Un autre point digne d'intérêt, c'est le fait que Meilcour, héros du roman "réaliste" des *Egarements,* de même que Tanzaï et Schezaddin, héros des contes burlesques de *L'Ecumoire* et *Ah, quel conte!,* sont tous trois célibataires, tous trois impatients d'être heureusement mariés, tous trois destinés à une union finale.[4] Ainsi apparaît un premier point de contact—nous aurons l'occasion d'en dégager d'autres et d'en tirer des conclusions—entre la peinture "fidèle" des mœurs et la fantaisie la plus débridée en même temps que la plus soumise aux contraintes narratives propres au genre du Conte.[5]

Ce qu'il faut noter, c'est que dans les récits "réalistes" le mariage de la femme s'oppose au célibat possible de l'homme comme la fixation s'oppose à la mobilité: la femme est attachée, l'homme est libre. Et si celui-ci se fixe par l'intermédiaire d'une liaison amoureuse, celle-ci ne peut se concevoir en l'absence de rapports sexuels avec sa maîtresse: l'amour platonique, permis compte tenu des lois de l'univers représenté, relève du licite—c'est-à-dire d'un champ d'où la Loi est exclue, même sur le mode de la permission —eu égard aux lois de la représentation: seuls le Meilcour des *Egarements* et le Duc des *Lettres de la Duchesse* consentent à aimer de loin, mais sans que leur constance à l'objet aimé fasse obstacle à des satisfactions plus tangibles dues à la complaisance d'objets de rechange.

Enfin le licite dans l'univers représenté—soit le célibat sans passion, sans désir—s'avère encore une fois interdit dans le champ de la représentation: ainsi qu'on le verra, la chute est ici d'autant plus radicale que l'on a surestimé ses dispositions à la chasteté: l'interdit propre à un niveau constitue la règle dans l'autre.

Les considérations qui précèdent conduisent donc à proposer les deux carrés ci-dessous, dont l'un correspond aux injonctions et prohibitions portant, dans la société représentée, sur des contrats à objets sexuels, et dont l'autre correspond aux contrats effectivement passés ainsi qu'au sort qui leur est réservé par l'auteur:

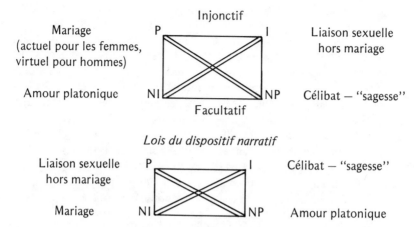

*Lois de l'univers représenté*

Injonctif

Mariage (actuel pour les femmes, virtuel pour hommes) — P

Liaison sexuelle hors mariage — I

Amour platonique — NI

Célibat — "sagesse" — NP

Facultatif

*Lois du dispositif narratif*

Liaison sexuelle hors mariage — P

Célibat — "sagesse" — I

Mariage — NI

Amour platonique — NP

Quant à la séquence introductive de ce que l'on pourrait définir comme le méta-récit crébillonien, elle se présenterait ainsi que suit, compte tenu bien entendu de ce que les deux carrés ci-dessus sont opératoires simultanément:

A passe un contrat exclusif avec C;
A passe un contrat avec B (donc prohibé par C);
A viole le contrat initial

B passe un contrat exclusif avec C;
B passe un contrat avec A (donc prohibé par C);
B viole le contrat initial

Puisque toute transgression d'une prohibition entraîne nécessairement, selon l'approche sémiotique, une aliénation, quelque chose a été perdu, tant par A que par B. En effet, agir conformément aux valeurs sociales, rendre à celles-ci leur dû entraîne en contrepartie la jouissance d'un sentiment de stabilité intérieure, image en réduction de la stabilité du corps social tout entier; cette stabilité de la valeur personnelle, le système social, tel qu'il dérive du courant moraliste classique, la désigne sous les termes de respect et d'estime; la violation du contrat initial—en ne respectant pas la loi sociale, on manque en même temps au respect qu'on se doit à soi-même—entraîne à son tour une reprise par C de la valeur estime qui, chez la femme aussi bien que chez l'homme, laisse la place à la valeur-objet négative mépris, qui fonctionne alors comme le *valant-pour* de la disjonction initiale.

Le fonctionnement d'un tel mécanisme apparaît le plus clairement dans l'hypothèse où la femme vient à aimer et mesure dans toute leur étendue les dangers d'une chute qui serait fatale à la sécurité, à la stabilité de son statut présent. Chez l'homme, la lutte est moins évidente, et la disjonction ne porte ses fruits que selon des modalités particulières. Ce qu'il faut souligner, en effet, c'est que l'objet négatif mépris est susceptible d'être transmis sur le mode réfléchi aussi bien que transitif: la société C, destinatrice des valeurs, est intériorisée tant par le sujet lui-même, qui s'institue son propre tribunal intérieur, que par son co-contractant; le mépris circule alors sans fin de l'un à l'autre, véhiculé par une instance pour laquelle les personnages de Crébillon utilisent un terme, repris à La Rochefoucauld: soit *l'amour-propre*. Quelles que soient les colorations que le contexte lui fait prendre (car son spectre varie de la vanité pure et simple à l'orgueil noble), il s'inscrit, en tout état de cause, dans la sphère de l'aliénation.

*Le Hasard du coin du feu* contient une définition positive de l'amour-propre, qui servira de point de départ aux développements qui vont suivre:

LE DUC—. S'il est vrai, comme on croit, que l'amour propre nous inspire l'horreur de ce qui peut nous dégrader, ce serait bien injustement qu'on lui en reprocherait [du ridicule]. (*Has.*, p. 239)

Succomber au prohibé (se dégrader) a pour conséquence faire horreur, à soi-même autant qu'à l'autre, à la fois complice et victime, lui aussi, de la chute initiale. Le terme logique d'une telle réaction serait la mort immédiate, celle du contrat aussi bien que celle des co-contractants, par suicide, et par cette mort la sphère sociale recouvrerait son dû. Or, la mort physique n'intervient guère chez Crébillon, où d'ailleurs seul le meurtre (de la femme adultère dans *Le Sopha*) et la maladie mortelle sont opératoires. On survit, et le contrat—nul par rapport au code social—continue à s'exécuter, jusqu'à interruption unilatérale par l'un des partenaires, et on a alors quitté la sphère sociale pour la sphère mondaine.

C'est ainsi que Clifton Cherpack, l'un des pionniers des études crébilloniennes, a pu écrire:

No one can deny that Crébillon often writes wittily about amorous escapades, and that he never attempts to alarm his readers by introducing elements of dramatic danger for his characters, or sinister notes like the "Satanism" that impressed Baudelaire in *Les Liaisons dangereuses*. The only danger hanging on Crébillon's character is a loss of prestige or reputation, or the necessity of beating a strategic retreat to a comfortable country estate.[6]

On doit toutefois considérer dans quelles conditions les "enjeux" viennent s'intégrer au système que constitue le texte lui-même. S'il y a du satanisme chez Laclos, il ne prend toute sa signification qu'en tant qu'il s'insère dans un système narratif et littéraire ayant rendu possible son occurrence. Si chez Crébillon les personnages à la Merteuil et à la Valmont ne sont pas absents,[7] les possibilités de gain et de perte sont cependant d'une autre nature—et ceci en fonction des conventions littéraires propres à une époque donnée—tout en ayant une *valeur* identique. Et l'on peut même considérer que la mort physique de la Marquise des *Lettres* constitue une conclusion relativement facile, comparée au silence et à la retraite finale de l'héroïne des *Lettres de la Duchesse,* postérieure de près de quarante ans aux premières. Ce qui importe en effet chez le maître du dialogue qu'est Crébillon, c'est d'avoir la parole, et en ce sens cet auteur tenu pour le représentant accompli du style rocaille, est ici l'héritier le plus légitime des grands tragiques du siècle précédent. Etre là, c'est parler, et parler c'est vivre. Qu'on se taise et l'on meurt, de par cette absence à soi, à l'autre, à la parole. D'une certaine façon les correspondances de la Marquise et de la Duchesse émanent de mortes en sursis. Et c'est bien par une mort symbolique que se closent les *Lettres de la Duchesse,* de même qu'un des épisodes les plus sombres du *Sopha,* celui qui retrace la double chute des dévôts Almaïde et Moclès. Tous deux victimes d'un excès de confiance en eux-mêmes, poussés par l'orgueil, ils mettent en mouvement un discours érotique dont ils croient pouvoir rester les maîtres, et qui ne les en fait que mieux succomber à "l'égarement des sens." A cet égarement succède l'horreur (*Sopha,* p. 136), et Moclès disparaît: "Enfin, après lui avoir dit tout ce que peuvent exprimer la plus vive douleur et le repentir le plus sincère, sans oser la regarder, il prit congé d'elle pour toujours" (*Sopha,* p. 136). Tous deux, objets de mépris tant à leurs propres yeux qu'à ceux de l'autre, vont finir leur vie dans la retraite, sortant à jamais du cercle enchanté du désir: se mépriser, c'est bien mourir à soi-même.

D'autre part, et dans le cadre de valeurs sociales ayant conservé toute leur rigueur, on peut se demander si le simple contact avec "ce qui peut nous dégrader" ne devrait pas faire l'objet d'une exclusion totale. Ce tabou véritable porterait à son tour prohibition de passer des contrats impliquant l'estime avec de tels objets (car l'être qu'entame, ne serait-ce que légèrement, le mépris, cesse d'être sujet à part entière, et s'objectifie), en vertu du principe selon lequel le mépris se contracterait ainsi qu'une maladie. Hypothèse dont il conviendra d'étudier plus à fond la validité et les modalités de réalisation dans ses développements ultérieurs.

### B. Le Système contractuel fondé sur les valeurs individuelles et les contrats qu'il génère

Face à la société, ainsi qu'à un besoin de stabilité dont l'exercice de la raison rend possible la satisfaction, les désirs individuels affirment leur existence et leur force. Et dans l'ordre sexuel, l'œuvre de Crébillon offre, antithétiques et pourtant indissociables l'un de l'autre, le célèbre amour-goût et, injustement tenu dans son ombre, un amour-tendresse qui, s'il n'est pas aussi fréquent que les protagonistes féminines l'imaginent, l'est tout de même un peu plus que les critiques semblent en être convaincus. C'est donc à la fois un souci de justice et de méthode qui nous incite à nous pencher tout d'abord sur l'amour total. Précisons d'ailleurs que cet amour ne fait problème, dans la psyché crébillonienne, que parce que ses faux-semblants, ses doubles inauthentiques pullulent, suscités, "conjurés," pourrait-on dire, par un excès d'oisiveté et d'imagination. Il ne fait d'ailleurs problème que pour la femme, car chez le héros crébillonien la réalité des désirs, contre-partie masculine de l'imagination féminine, constitue un atout majeur dans l'appréhension de la réalité ou de la facticité des sentiments: contrairement à la femme, l'homme fait discerne s'il aime et si on l'aime. Inversement, il est généralement aussi opaque à la femme que celle-ci lui est transparente, passé toute la phase de l'initiation où la tromperie joue un rôle prépondé-rant. Il semble, en fait, que cette initiation amoureuse ait, pour la femme et pour l'homme, des conséquences opposées, puisque là où l'homme acquiert la clairvoyance, le don de voir à travers lui-même autant qu'à travers les autres (le héros du *Hasard* ne va-t-il pas porter le nom de Duc de *Clerval*?), le regard de la femme perd au contraire sa limpidité initiale, se trouble fon-cièrement et irrémédiablement.

Est-ce à dire qu'une transparence mutuelle et réciproque soit absolument absente de l'œuvre de Crébillon? Elle l'est en tout cas de la partie réaliste de celle-ci, où elle n'entre pas en ligne de compte dans la conclusion et l'évolution postérieure des mariages. De fait, le seul mariage heureux, c'est celui qui, dans les *Lettres de la Marquise*, vient régulariser la liaison des personnages-miroirs que sont St.-Fer*** et Madame de ***, et auquel vient brusquement mettre un terme la mort de cette dernière, prémonitoire à son tour de celle de l'héroïne principale. Cet amour est d'autre part théorique-ment incompatible avec les lois sociales lorsqu'il touche des partenaires non mariés.

Car l'amour-tendresse authentique ne saurait se satisfaire du platonisme. Engageant indissociablement corps, cœur et esprit, il relève d'un besoin que vient combler, chez chacun des partenaires, la tendresse de l'autre. Soit:

A a besoin de la tendresse de B. B donne sa tendresse à A.
B a besoin de la tendresse de A. A donne sa tendresse à B.

Ce contrat de don mutuel constitue en même temps un contrat à exécution continue, dans lequel, théoriquement, le sexe des contractants est sans importance. Son occurrence peut se formaliser comme la succession quasi-instantanée de deux états, dont le second est, théoriquement, à durée indéterminée, indéfini: on s'aime "pour la vie." Et les rapports sexuels qu'entretiennent les deux amants sont en fait l'*indice* manifeste et univoque de cette composante fondamentale qu'est la tendresse. Comme il n'y a pas de fumée sans feu, l'échange de faveurs sexuelles prouve l'existence d'un amour sous-jacent.

Tournons-nous vers *Le Sopha*, dont le pseudo-orientalisme permet à l'auteur de faire plusieurs excursions dans l'utopie du désir—n'y trouve-t-on pas à la fois une femme absolument sage et un couple dont chacun des partenaires fait pour la première fois l'expérience de l'amour charnel? Pour la seule et unique fois, Crébillon y propose et décompose le passage idéal de l' "avant" à l' "après" du désir-tendresse (car la durée, "l'éternité" d'une liaison est fonction de l'authenticité de ce qui l'a rendue possible). Quelles sont donc les phases de l'épisode dont Phénime et Zulma sont les héros? On s'aperçoit tout d'abord que la passation du contrat y est précédée d'une lutte de chacun des amants, non point contre l'autre, mais contre soi-même: la lutte est ici réfléchie et non interpersonnelle. Elle oppose, chez l'homme, la tendresse et le respect, chez la femme la tendresse et le besoin d'estime, le souci de la stabilité. Ces luttes sont elles-mêmes concomitantes d'un aveuglement partiel: Phénime voit Zulma, elle le voit en privé, mais sans s'en expliquer les motifs réels. A ces luttes qui, en s'éternisant, risquent de revêtir une nature statique, viennent mettre un terme deux dons quasi-simultanés: l'aveu de Zulma provoque à son tour celui de Phénime—la parole rompt soudain le silence—mais surtout le respect que témoigne l'amant à l'amante vainc définitivement celle-ci et la contraint à faire de soi le don que des discours pressants auraient sans doute compromis:

Phénime connaissait trop Zulma pour se méprendre au motif que suspendait ses empressements. Elle le regarda encore avec une extrême tendresse, et cédant enfin aux doux mouvements dont elle était agitée, elle *se précipita sur lui* avec une ardeur que les termes les plus forts et l'imagination la plus ardente ne sauraient jamais bien peindre. (*Sopha*, pp. 91-92; c'est nous qui soulignons)

De même que la femme prend l'initiative au stade du don initial, c'est à elle encore que revient la même initiative dans le cadre des transports mutuels qui font suite:

Elle volait avec empressement au devant de ses caresses, et comme quelques moments auparavant elle s'estimait de lui résister, elle mettait alors toute sa gloire à le bien convaincre de sa tendresse. (*Sopha*, p. 92)

Ainsi, à chacun des amants incombe un double mode de preuve—verbal (aveu) et gestuel—et le schéma général de ce "procès transitionnel" relève, en fonction d'une dichotomie opposant la prise d'initiative à son absence, une distribution temporelle en chiasme: soit tout d'abord une initiative verbale de l'homme (Zulma), suivie d'une réponse en retour de la femme, puis une *absence* d'initiative gestuelle de la part de l'homme, à laquelle succède et répond la prise d'initiative finale et décisive, par le partenaire féminin. L'homme, actif dans le champ verbal, est au contraire passif dans la sphère gestuelle, et c'est cette passivité qui rend possible une activité féminine dont le rôle prépondérant se perpétue même après l'instant décisif du don de soi.[8] Car c'est bien d'un double don qu'il s'agit ici, et qui s'actualise selon des modalités fort proches de celles que les études ethnologiques ont pu dégager dans des phénomènes sociaux tels que le *potlatch*: on y consume avec allégresse et dans une surenchère réciproque et jubilatoire ce que l'on avait, péniblement peut-être, amassé: l'homme sacrifie son désir, la femme son souci de stabilité, et chacun récupère au centuple ce dont il a consenti à se défaire.[9]

Sans doute cet échange idéal n'est-il concevable que parce que le genre du conte rend possible le recours à l'utopie; grâce à des règles grammaticales différentes de celles du récit purement "mondain," le contrat de tendresse peut ici prendre son plein effet, puisqu'en cet épisode du *Sopha* la coïncidence de l'être et du paraître rend possible une communication pleine et entière entre les amants. Bien plus, dans cette optique particulière, l'amour, comme chez Marivaux, voile pour mieux dévoiler: les faux semblants dont Phénime fait usage afin de se justifier à elle-même les tête-à-tête qu'elle ménage à Zulma, préparent l'explosion du mode véridictoire, gouvernée par l'alternance-succession de la rétraction et de l'expansion. Alternance-succession qui, nous apprend le narrateur, est destinée à durer toujours. Les paroles des deux amants "n'ayant alors entre elles aucune liaison, ne peignaient que le désordre de leur âme" (*Sopha*, p. 94): c'est ce désordre de l'énonciation qui, mieux que les énoncés auxquels celle-ci sert de support, est le garant de la véracité des émotions exprimées. Délire gestuel, délire verbal, ces deux instances vont s'unir pour en produire une troisième, qui les synthétise: celle de l'écriture épistolaire.

"Ils ne se séparèrent que fort tard, et Zulma fut à peine sorti, que Phénime, qui lui avait consacré tous ses moments, se mit à lui écrire" (*Sopha*, p. 96): se révèle ainsi la nature érotique de cette écriture épistolaire en tant que relevant de la zone de la production. Ainsi s'explique aussi le fait que, vivant dans la même ville que son amant, et ayant facilité pleine et entière de le voir et de lui parler, une héroïne telle que la Marquise des *Lettres*, puisse continuer à recourir à ce mode de communication particulier. C'est enfin pourquoi, sans doute, le séducteur parenté qu'est l'Alcibiade des *Lettres athéniennes* doit recourir aux services d'un ami pour la rédaction des lettres tendres: si la parole verbale articulée peut tromper, la parole écrite est, comme la parole non articulée et la gestuelle expressive, le siège de la vérité souveraine.

Tel est le royaume de l'amour-tendresse. Pour reprendre le schéma actantiel déjà utilisé, on peut dire qu'une relation de désir s'y établit entre le sujet et la tendresse de l'autre (laquelle implique aussi bien le désir de recevoir l'amour du sujet que celui de procéder à un don réciproque). Dans ce rapport le destinateur est la vérité de l'amour, le destinataire un soi-même sujet, amant désormais indissociable de l'autre-aimé. Quant aux fonctions d'adjuvant et d'opposant, la première échoit à l'évidence irréfutable d'un respect mutuel et réciproque, la seconde s'investissant dans la possibilité d'une erreur sur la hiérarchie réelle des valeurs et conduites. Le regard des autres est ici l'obstacle majeur à la découverte tant de soi que de l'autre, et c'est lui que le moment de la vérité dissout à jamais: "Tu m'aimais, et je pouvais songer à l'estime des autres? Ah! puis-je encore mériter la tienne?" (*Sopha*, p. 93).

*Schéma actantiel*

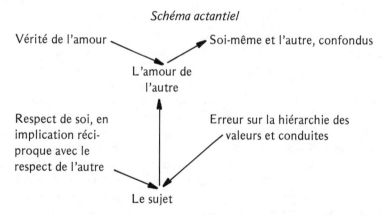

Dans l'amour-tendresse, les valeurs individuelles reprennent à leur compte les valeurs qui s'incarnent normalement dans la société—respect, estime—pour enfermer les amants dans l'enchantement d'une double spécularité, où chacun respecte, estime, l'autre, en même temps qu'il lui renvoie l'image du respect, de l'estime que l'autre éprouve pour lui. A l'opposé, l'opacité des apparences qui gouvernent le monde, le peu de sécurité dont jouissent une forte proportion des héros crébilloniens dans la détermination de la nature des pulsions qui les entraînent les uns vers les autres, incitent ceux-ci à privilégier un certain type de rapports sexuels d'où toutes valeurs éthiques se voient absolument exclues. Il s'agit ici, on le devine, de l'amour-goût, tel que Clitandre, héros de *La Nuit et le moment,* en expose l'économie:

On se plaît, on se prend. S'ennuie-t-on l'un avec l'autre? On se quitte avec tout aussi peu de cérémonie que l'on s'est pris. Revient-on à se plaire? On se reprend avec tout autant de vivacité que si c'était la première fois qu'on s'engageât ensemble. On se quitte encore, et jamais on ne se brouille. (*Nuit,* p. 18)

Présentée dans ces termes, la théorie coïncide admirablement avec l'ana-lyse des contrats telle que nous l'avons développée plus haut; le "juridisme" des rapports entre partenaires s'y manifeste de façon encore plus évidente que dans le cadre de l'amour-tendresse. Dans cet échange dont le don est cette fois absent, deux objets—d'une valeur déterminée à l'avance—circulent en sens inverse, pour combler, du commun accord des contractants, un manque initial ressenti par chacun d'eux.

La successivité des termes de la relation peut d'autre part faire l'objet d'une symbolisation, d'une formalisation de type sémiotique, ainsi que suit:

| Conjonction A | Disjonction-manque | Passation de contrat | Exécution[10] |
|---|---|---|---|
| Satiété sexuelle | "sentir qu'on a besoin de quelque chose" | "se demander ce dont on a besoin" | "se prendre" |
| Conjonction B | Jonction "s'ennuyer" | Exécution[11] "se quitter" | Retour à conjonction A Satiété sexuelle |

"S'ennuyer" relève de la jonction, dans la mesure où celle-ci, catégorie sémique, s'articule dans les deux termes contradictoires de la conjonction et de la disjonction. En effet, dans l'isotopie de la satiété, l'ennui est consé-quence et indice du retour à l'état de plénitude et de contentement sexuel initial (conjonction), alors que dans celle de l'autonomie en tant que valeur cruciale dans la sphère du libertinage—dans la mesure où le héros libertin entend être "maître de soi"—il relève d'une disjonction que comblera seule-ment la phase 2 de l'exécution du contrat, soit le "se quitter."

Un des traits fondamentaux du contrat de désir-goût, c'est d'être instan-tané, et ceci à deux points de vue: sa passation s'y accomplit en l'absence de tous pourparlers et son exécution revêt un caractère pratiquement ponc-tuel. Malgré les apparences, il n'y a pas de contrat de goût durable: il est loisible, en effet, à deux amants de ne pas se quitter, de "se garder," mais c'est alors parce que le contrat instantané initial s'est vu renouvelé, tacite-ment, en une succession infinie de procès similaires au procès premier, et qui simule, en fait, un état-durée. Inversement, si A quitte B, si B quitte A, c'est par une décision de ne pas renouveler le contrat. Il n'y a pas plus rup-ture si l'on se quitte, que continuation-exécution si l'on se garde.

On notera d'autre part que si le contrat de goût est aux antipodes du contrat de tendresse, en ce qu'il rejette comme non pertinents les concepts moraux d'estime et de respect, il partage cependant avec celui-ci la véridicité qui en régit la formation et le fonctionnement:

> On sait aujourd'hui que le goût seul existe; et si l'on se dit que l'on s'aime, c'est bien moins parce qu'on le croit, que parce que c'est une façon plus polie de se demander réciproquement ce dont on sent qu'on a besoin. Comme on s'est pris sans s'aimer, on se sépare sans se haïr, et l'on retire, du moins, du faible goût que l'on s'est mutuellement inspiré, l'avantage d'être toujours prêts à s'obliger. (*Nuit*, p. 18)

La déclaration d'amour joue ainsi le rôle d'un langage parfaitement codé, qui fonctionne comme une traduction globale, en un langage étranger dont non seulement les mots, mais la syntaxe, différeraient du langage original. Traduction absolument fidèle: la parole colle étroitement à ce à quoi elle se réfère, et sa seule profération est pur indice de la réalité du référentiel sous-jacent.

Quant au schéma actantiel correspondant à la relation envisagée, les remarques qui vont suivre, consacrées à l'articulation logique et grammaticale de la définition proposée par Clitandre, vont mettre à portée d'en saisir la structure paradoxale: car cet "échange" apparemment bilatéral, est, en effet, inexistant.

On notera tout d'abord que, compte tenu de la nature axiomatique de cette déclaration, le sujet grammatical en est un *on* général, impersonnel, et indéfini, dont le choix implique tout d'abord la non-pertinence d'une prise en considération du sexe du co-contractant dans l'énoncé de la relation: ici encore le contrat-goût rejoint le contrat-tendresse. Bien plus, cette accumulation de constructions réciproques finit par prendre, pour le lecteur, des allures de construction réfléchie. Ambiguïté que Clitandre est d'ailleurs bien obligé de dissiper momentanément, en recourant, pour qualifier le verbe "se demander," à l'adverbe "réciproquement." La grammaire de la langue viendrait ainsi apporter confirmation à celle du désir physique: ce n'est pas l'autre qu'on veut, qu'on désire véritablement, mais uniquement ce qu'il peut donner.

Par ailleurs, et compte tenu de l'ambiguïté propre, non seulement au style, mais aux techniques narratives propres à Crébillon, il est difficile de savoir si Clitandre parle en son nom propre, si donc il utilise le discours direct, ou s'il rapporte simplement, en discours indirect libre, une théorie tenue par d'autres, et vis-à-vis de laquelle il garderait ses distances. Cette ambiguïté, la réponse qu'il donne à son interlocutrice, curieuse, précisément de savoir s'il adhère à son énoncé, la maintiendra comme à plaisir: "*peut-être*... est-ce moins ma façon de penser que je viens de vous peindre que celle qu'il semble que quelques personnes ont aujourd'hui" (*Nuit*, p. 19; c'est nous qui soulignons). L'ambiguïté de la formulation est, dans tous ces extraits, véhicule d'ironie: l'hypocrisie de la terminologie amoureuse à laquelle recourent les partenaires d'un moment n'est qu'apparente, mais cette sincérité de fait renvoie à un référent dont on peut se demander en quoi il consiste, eu égard à l'amphibologie dont est porteuse, cette fois, l'ambiguïté grammaticale, et donc sémantique, de cette définition cruciale: qu'échange-t-on ici, et en dernier ressort, échange-t-on quelque chose?

Il apparaît de plus que le schéma actantiel de l'amour-goût relève, tout comme celui de l'amour-tendresse, du champ utopique: pas plus que l'échange total à deux et rien qu'à deux, le solipsisme individuel n'est concevable dans le milieu humain au sein duquel évoluent les héros de Crébillon. Tel est d'ailleurs le paradoxe auquel ils vont se voir confrontés: soucieux de se déterminer en fonction de valeurs individuelles fondées sur la satisfaction du désir le plus instantané, ils vont devoir affronter à nouveau les valeurs sociales qu'ils avaient cru laisser derrière eux, valeurs dont la tyrannie s'est accrue en même temps que se dégradait leurs contenu et justification authentiques. Car il n'est pas d'échappatoire: il faut à présent compter avec le monde.

*Schéma actantiel de l'amour-goût*
(*Nuit*, p. 18)

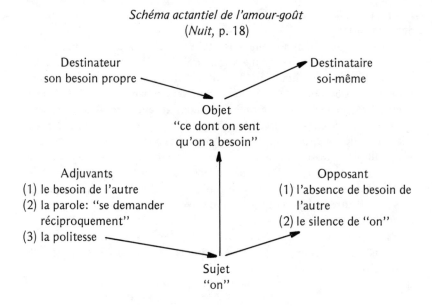

Destinateur
son besoin propre

Destinataire
soi-même

Objet
"ce dont on sent
qu'on a besoin"

Adjuvants
(1) le besoin de l'autre
(2) la parole: "se demander
   réciproquement"
(3) la politesse

Opposant
(1) l'absence de besoin de
   l'autre
(2) le silence de "on"

Sujet
"on"

### C. Le Système contractuel mondain et les contrats individuels qu'il est susceptible de générer

Comme le système contractuel généré par les valeurs sociales, les deux sous-systèmes que générait l'obédience du sujet crébillonien aux valeurs individuelles, privilégiaient l'empire d'un regard dont la transparence du sujet à soi-même et à l'autre, objet ou détenteur de l'objet de son désir, assurait l'infaillibilité. A l'opposé, et compte tenu de la trahison dont les "citoyens du monde" se sont rendus coupables à l'égard de la sphère sociale originelle, la communauté de désirs et d'intérêts dont Crébillon se fait le peintre est un lieu où la transparence a fait place à l'opacité, où la stabilité s'est évanouie au profit d'un mouvement perpétuel qui prétend en tenir lieu, où l'omniprésence du regard des autres brouille, atomise et disperse les messages.

En ce lieu va tenter d'émerger une synthèse entre les lois propres au système social et celles qui gouvernent la zone des valeurs individuelles: amour-tendresse et amour-goût purs s'y révèlent utopiques, et se voient soumis à divers aménagements dont les développements suivants vont rendre compte.

Soit tout d'abord les contrats produisant leurs effets dans le champ sexuel: ce qui, pour la femme, relevait du prohibé dans la sphère contractuelle sociale, fait ici l'objet d'une permission sous condition: les rapports sexuels hors mariage entretenus par la femme sont en effet tolérés s'ils se placent sous le signe de la durée, et ceci à deux points de vue.

En premier lieu, tout contrat doit être précédé d'une lutte qui contribuera à en assurer la durée postérieure une fois réalisée la rencontre des volontés individuelles. Cette lutte va elle-même reproduire assez fidèlement les phases et traits caractéristiques propres à celle qui précède la passation du contrat de tendresse utopique, tel que nous l'avons analysé plus haut. Mais à la coïncidence heureuse entre être et paraître, et qui faisait de ces deux termes, dans ce dernier contrat, les deux termes constitutifs d'une relation véridique où le paraître était indice de l'être, vient se substituer dans cette zone du "permis" une relation antagoniste: compte tenu de la codification extrêmement complexe des rapports interindividuels, le paraître ne correspond plus à sa fonction d'indice; cessant de pointer vers une cause sous-jacente, il *signifie*, s'insérant ainsi dans un nouveau rapport que gouverne un arbitraire dont l'intensité, pour être variable, n'en est pas moins constante. C'est ainsi, dans le champ du vocabulaire et du dictionnaire, que

la signification du verbe "paraître" fluctue incessamment entre un "manifester" et un "sembler" que le lecteur, pas plus que les protagonistes, n'est
toujours en mesure de départager. Si, à la p. 152 du *Hasard*, "Célie paraît
couchée" aux yeux du lecteur-spectateur, ce paraître-apparaître est manifestation tangible aux sens, "être là" véritable; le "forcée de paraître devant
nous... plus affligée qu'elle devrait l'être" de la p. 181 renvoie au contraire
en large mesure à un paraître-faire semblant indiscutable. Quant aux interventions du narrateur qui, dans la deuxième partie du dialogue, vont jouer
un rôle de plus en plus important, elles tendent à laisser au verbe une signification flottante: si "Célie paraît rêver" (p. 227), si le Duc "paraît tomber
dans une rêverie assez profonde" (p. 241), ces deux paraîtres ont-ils la
même valeur? Et dans le cas contraire, dans quelle mesure peut-on départager le manifesté du simulé? Rhétorique et vocabulaire font en quelque
sorte prendre conscience de la présence de "serrures," sans véritablement
fournir les clefs qui permettraient de les ouvrir.

Il faut ajouter que le paraître crébillonien est, avec insistance, un paraître *pour*. Au spéculaire réciproque (et peut-être réfléchi) propre aux deux
types de désirs utopiques précédemment analysés, vient ici s'opposer—se
substituer, en fait—un spectaculaire véritable, où chacun assiste, presque en
étranger, et comme à distance, aux événements qui l'affectent et sont eux-
mêmes proposés aux regards des autres: du *public*. La parole elle-même
devient spectacle tant pour les autres que pour soi-même.[12]

Si le paraître ne prouve plus véritablement l'existence de l'être, la déclaration suivante de la Marquise du *Hasard*, relative à la cour que lui a faite
le Duc son amant, peut à juste titre surprendre le lecteur: "S'il ne m'eût
jamais *montré* que des *désirs*, il ne l'aurait pas bannie [ma méfiance]; il m'a
*prouvé* de l'estime, et m'a *tranquillisée*" (*Hasard*, p. 164; c'est nous qui
soulignons).

On verra le crédit qu'il convient d'accorder à une telle déclaration, et
dans quelle mesure l'économie du dialogue lui-même vient confirmer ou
informer le bien-fondé ou même l'existence de cette tranquilité. On peut
bien évidemment imaginer que la Marquise ait cédé au Duc dans des circonstances similaires à celles qui ont rendu possible l'union de Phénime et
Zulma. En fait, le système mondain semble se satisfaire d'une procédure
simplifiée, en ce sens que la duplication de la preuve—à la fois verbale et
gestuelle—dégagée dans cet épisode particulier du *Sopha*, fait place ici à une
preuve unique, mais délivrée selon des modalités particulières. A l'homme,
"être d'action," échoit une preuve fondée sur un *dire* qui relève de la parole,
tandis qu'à la femme, "être de parole," incombe au contraire un *prouver*
qui relève de l'action pure. Or, compte tenu précisément de l'arbitraire
propre à cette procédure de rechange, il devient impossible d'atteindre

quelque certitude que ce soit: l'aveu de l'homme pas plus que l'abandon de la femme ne porte preuve d'un amour sincère:

Il exigea ce que les hommes appellent des preuves, quoiqu'à parler avec franchise, ces sortes de choses quelquefois, ne doivent pas plus leur prouver notre tendresse, que leurs serments ne doivent nous assurer de la leur. (*Ah*, p. 353)

Compte tenu du soupçon pesant sur la crédibilité des sentiments, il apparaît que la durabilité d'une liaison implique le respect d'un certain secret. Si l'existence du contrat sexuel est généralement soumise à une publicité dont nous évaluerons plus loin la portée,[13] le silence le plus profond doit couvrir les conditions précises dans lesquelles s'est déroulée la phase des tractations. Nous n'en voulons pour preuve que la réponse évasive de la Marquise dans le *Hasard*:

CELIE—. Ah! Dites-moi un peu, je vous prie Marquise, comment vous attaqua-t-il?
LA MARQUISE—. Comme apparemment, il fallait que je le fusse, puisqu'il m'a prise.

(*Hasard*, p. 162)

Ainsi donc, s'il y a parole possible sur l'état de liaison amoureuse (possibilité qui fluctue entre le licite et le permis), la parole est interdite sur le procès qui a rendu cet état possible.

Si l'on considère à présent les contrats à objet sexuel dans lesquels l'homme est susceptible de s'engager, il faut immédiatement opérer une distinction entre deux types de contrats. Si le premier, contrat de liaison durable, est permis, aux mêmes conditions que pour la femme, le statut particulier que le monde réserve à l'homme semble de plus laisser à celui-ci la possibilité de former des contrats de goût, donc non-durables. On notera qu'une liaison passe dans le champ du non-durable dès qu'elle prend fin, c'est-à-dire dès que l'un des deux partenaires y met un terme. Ainsi, la rupture d'une telle liaison ferait immédiatement et rétroactivement passer celle-ci dans la zone du prohibé.

De fait, le monde pas plus que la société ne tolère les passades, pas plus celles de l'homme que celles de la femme. Et ce glissement s'avère par ailleurs coïncider avec un glissement de sens concomitant du verbe "paraître." Cessant de référer à une manifestation de l'être, celui-ci en vient alors à référer, à la lumière de la rupture, à la simulation de surface de ce qui n'est pas.

Il faut toutefois préciser que l'homme bénéficie d'une porte de sortie qui lui permet de s'évader du prohibé mondain et de regagner le champ du permis. On sait, tout d'abord, que, conformément à un principe qui relève de la "culture" mondaine en tant que *doxa*, les hommes, une fois dissipés les feux aveugles d'une première passion toujours truquée par leur propre "nature" et les artifices de leur initiatrice, sont "naturellement" libertins et soumis à tout instant aux dictats de la réalité: leurs désirs sexuels sont réels, tangibles pour ainsi dire, et s'appliquent eux-mêmes à quelque chose de non moins tangible, à savoir un corps de femme. Chez les femmes au contraire, le passage à l'activité—voire au plaisir—sexuelle pure, l'abandon à un goût dont la tendresse est absente, passent le plus souvent par la médiation néfaste d'une imagination dont le désœuvrement intensifie encore l'emprise.[14]

Dans ces conditions, à la liberté foncière du sexe masculin s'opposerait la sujétion d'un sexe féminin à jamais prisonnier des valeurs régissant la sphère sociale. Les hommes: "Ils sont nés libertins, tout les *tente,* mais tout ne les *soumet* point" (*Has.,* p. 164; c'est nous qui soulignons). Les femmes, dont l'Almaïde du *Sopha* est ici le porte-parole: "il est vrai que j'ai tout craint, surtout ce désœuvrement dont vous venez de parler, et ces livres, et ces spectacles pernicieux qui ne peuvent qu'amollir l'âme" (*Sopha,* p. 105). Est-ce à dire que le monde permet au sexe masculin la libre pratique d'un amour-goût dont il interdirait absolument l'exercice aux femmes? Il s'agit en fait d'une tolérance, fondée sur une convention tacite d'un type particulier: la passation d'un contrat de goût[15] n'est permise à l'homme qu'à la condition de racheter la fugacité de sa liaison par le compte rendu qu'il en fera à un monde devenu public, compte rendu portant tout particulièrement sur les circonstances du procès qui lui a permis de prendre telle ou telle femme. Dans ces conditions, *parler* d'une femme, c'est la *perdre,* au sens figuré—la perdre de réputation—comme au sens propre: parler d'elle, raconter les circonstances d'une conquête particulière, c'est sans doute se détacher pour de bon de la femme qui en faisait l'objet. Orphée libertin, l'homme, en se retournant pour la dernière fois sur son Eurydice d'un moment, la perd à jamais, pour sa satisfaction propre, mais aussi pour celle du public: "Je la perdrai si je parle" (*Nuit,* p. 40). Parler d'une femme après l'avoir quittée, c'est la rendre vulnérable aux coups du mépris; c'est en même temps manifester le mépris qu'on a pour elle (on conçoit ainsi que la tendresse exige le silence) et, par la médiation d'un récit, la faire paraître, la manifester comme telle aux yeux des autres. Seule la satisfaction à cette obligation particulière sauve l'homme du châtiment qui serait autrement le sien, à savoir le *ridicule.*

C'est à l'instant précis où l'union prend fin, que s'opère, en fonction des sexes, la ventilation des principes afférents aux deux sphères sociale et mondaine: si la femme est toujours condamnée en fonction de critères de jugement tels que le respect et l'estime, l'homme—surtout s'il est quitté— l'est en fonction de critères de jugement relevant de la sphère du goût, donc des valeurs individuelles. Condamnation qu'aggrave encore l'ironie d'une terminologie qui, pour rendre compte avec décence de défaillances tout ce qu'il y a de plus physiques, recourt systématiquement à des vocables empruntés à la sphère des qualifications morales. Ainsi le "mérite," "l'air" guerrier de l'amant d'une femme connue pour le peu d'intérêt que lui inspire le sentiment, ont-ils, dans la lettre 44 de la Marquise au Comte de ***, une signification bien précise, ainsi d'ailleurs que la disgrâce du jeune D***, objet de la lettre. Celui-ci

... avait choisi le cœur de Mme de L*** comme celui de tout Paris le plus propre à *faire connaître* un jeune homme. Il parle, il est écouté, favorisé et congédié en un mois; et voilà tout à coup un homme *perdu de réputation*. Madame de L*** passe à bon droit pour se connaître en *mérite*. ... Le moyen de se présenter ailleurs après avoir été abandonné avant un mois de service? (*Mar.*, p. 484; c'est nous qui soulignons)

Le danger couru par l'homme, c'est essentiellement celui d'une féminisation qu'il subit sous les espèces du ridicule, lequel vient sanctionner les deux types de faux-pas ci-dessus analysés: quitter sans parler, être quitté—l'application qui lui est faite de la terminologie sus-mentionnée constituant un témoignage supplémentaire de cette féminisation dans la mesure précisément où cette terminologie relève d'un champ moral et moraliste où, depuis le XVII$^e$ siècle, la femme joue le rôle que l'on sait.


On voit quels sont les enjeux: toute infraction aux règles contractuelles édictées par le monde a pour résultat une perte de valeur quasi-certaine. On remarquera de plus que si dans le cadre des valeurs sociales la perte d'estime ("l'horreur") affectait les deux partenaires, s'il y avait une multiplication par deux de cette perte, et si, dans l'amour-goût, le principe était celui d'une double compensation des pertes par échange d'objets de même valeur, le système mondain rend possible "l'enrichissement" de l'un des partenaires sexuels—ou tout au moins la conservation, la défense par celui-ci d'un capital d'un type particulier—aux dépens de celui de l'autre.

On rappellera que c'est précisément dans l'ambiguïté du paraître qu'on doit trouver l'origine de ce dernier type de rapport économique; c'est cette ambiguïté qui sert en fait de fondement tant aux conditions particulières propres à la passation des contrats à objet sexuel qu'à des types de conduite que celles-ci vont déclencher chez les contractants.

Etant donné, en effet, que toute rupture constitue en même temps une sanction rétroactive, la phase préliminaire à la passation du contrat sexuel est nécessairement soumise à des règles de fonctionnement différentes de celles qui régissaient le contrat de tendresse utopique. Alors que la lutte était, dans ce dernier, intérieure, muette et réfléchie, et débouchait en fait sur un blocage passager des possibilités de résolution du conflit, la lutte est,

dans le champ mondain, et passé le stade discret des approches préliminaires, non seulement ouverte, mais encore manifeste et interpersonnelle: les
paroles de l'homme sont censées convaincre la femme que le paraître de
son amour pour elle est un paraître-manifestation et non un paraître-simu-
lation. Et leur contrepartie, l'abandon de soi par la femme perd sa nature
de don, ainsi qu'en témoigne le vocabulaire de l'amour mondain: on ne *se
donne* pas, on *prend*, ou l'on est *pris*.

A partir du moment où le don de soi devient concession, le passage s'est
fait d'un contrat de don mutuel à un contrat à titre onéreux: l'homme n'y
acquiert les faveurs sexuelles de la femme qu'au terme d'un *travail*, lequel
consiste en une activité de parole distribuée sur une certaine durée, et ayant
pour but de convaincre. Ce temps de parole-travail manifeste alors la valeur
(ou coût) que l'homme reconnaît à son accession à l'intimité de sa partenaire, et sert en quelque sorte d'étalon à l'estime—donc de preuve de la
tendresse—qu'il éprouve à son égard.

Il est intéressant de noter que dans le contexte mondain, tendresse et
estime, lesquelles relèvent normalement de la sphère des qualifications,
fonctionnent sur le mode quantitatif, la quantité de temps investie à faire
sa cour servant de mesure à une certaine intensité du sentiment. D'autre
part, les termes qui rendent compte de l'entreprise de séduction-conviction
font pleinement ressortir le fait qu'il s'agit d'un véritable marché, où la lutte
préliminaire prend valeur de marchandage pur et simple.

Qu'il repose sur un amour-tendresse sincère ou sur un goût que traves-
tissent les apparences du premier, le désir finit immanquablement par se
résoudre en un désir d'acquisition dont l'intensité varie en fonction de la
nature du sentiment éprouvé. Là où la femme aimante—la "faible"—souhaite
fixer l'homme, la femme galante se propose simplement d'en faire l'acquisition pour, en quelque sorte, "l'immobiliser."[16] Telle est la préoccupation,
dans *Les Egarements du cœur et de l'esprit*, de Madame de Lursay, et la
citation qui suit démontre assez clairement à quel point les métaphores
guerrières, traditionnellement affectées à la lutte amoureuse, se voient con-
taminées par celle du marchandage. En témoigne tout particulièrement le
glissement de signification d'un verbe "acheter" qui, ayant perdu sa qualité
métaphorique·et recouvré son sens littéral, doit être pris ici au pied de la
lettre:

Elle [Lursay] savait d'ailleurs qu'avec quelqu'ardeur que les hommes poursuivent la
victoire, ils aiment toujours à l'acheter, et que les femmes qui croient ne pouvoir se
rendre assez promptement se repentent souvent de s'être trop tôt laissées vaincre.

(*Egar.*, p. 21)[17]

La lutte n'a plus alors pour fonction que de camoufler le rapport fondamental liant les parties intéressées. Il est par ailleurs évident que ce contrat

sous-jacent ne pourra produire ses effets qu'au terme de tractations qui relè-
veront du champ d'une lutte authentique quant à sa nature, mais déguisée
quant à son objet.[18] Il s'agit en somme de savoir combien on est disposé à
payer l'autre et/ou à lui faire payer, compte tenu de la valeur que l'on assi-
gne à sa propre prestation. Dans cette activité d'évaluation, le critère utilisé
correspond à la distance présumée entre l'être social, soumis à l'empire des
valeurs éthiques et morales, et l'être naturel, siège des besoins que recouvre
le premier, dans la mesure où celui-ci tend de plus en plus à passer de la
zone de l'être à celle du paraître. Il s'agira de pénétrer toute une épaisseur
de croyances, d'illusions, voire d'hypocrisie, et de dégager le tuf fondamental: soit, dans l'optique tendresse, l'amour véritable du soupirant masculin,
soit, dans l'optique libertine, la réalité du seul goût du partenaire potentiel,
homme ou femme.

C'est à ces travaux d'approche que sont consacrés les deux dialogues ou
encore *Le Sopha*; ces œuvres présentent par rapport aux deux recueils de
*Lettres*, par exemple, l'avantage de passer en revue les diverses nuances
de l'amour-goût et de l'amour-tendresse, en même temps qu'elles rendent
compte des variations possibles qui sont susceptibles de les affecter en fonction de l'adhésion plus ou moins grande des partenaires au "jeu du monde."

Dans ces œuvres placées sous le signe du dialogue et d'un dialogue qui,
à plus d'un titre, est parodie du dialogue platonicien, vont intervenir toute
une variété de paris auxquels, eu égard à l'opacité inhérente à l'empire du
paraître, les parties intéressées devront constamment se livrer pour atteindre leurs buts respectifs. Paris, mais aussi alibis[19] dont elles se plairont à
exciper et dont les modalités diverses d'exercice leur permettront de conduire leurs tractations sans pour autant se livrer irrémédiablement.

Nul ne saurait se passer de ces techniques d'approche ni s'en croire
dispensé. On est en fait dans la sphère du maquignonnage le plus évident,
et le statut de la femme, tendre ou galante, se rapproche dangereusement
de celui d'une protagoniste tout au plus périphérique[20] au "monde" au
sens le plus strict: la courtisane. Sans doute la prééminence accordée aux
valeurs morales apparaît-elle encore dans la déclaration qu'adresse Cidalise à son séducteur de *La Nuit et le moment*:

De quelque prix qu'il [mon cœur] puisse vous *paraître* aujourd'hui, je tremble que
vous ne l'*estimiez* pas toujours autant que vous *paraissez* le faire et que le peu qu'il
vous a coûté ne vous le rende un jour bien méprisable. (*Nuit*, p. 76; c'est nous qui
soulignons)

Elle apparaît encore dans le jugement auquel Clitandre soumet une de ses
anciennes conquêtes: "La femme de France que je méprisais le plus et qui
me coûtait le moins" (*Nuit*, p. 90). Mais la portée de telles réflexions est
subitement frappée de soupçon lorsqu'on les met en ragard de telle consta-

tation, adressée à la courtisane Amine, protagoniste du *Sopha*, par l'un de ses clients prospectifs: "Si je ne te payais . . . qu'à raison de ce qu'elle [la perfidie qu'Amine est censée faire à son protecteur en titre] te *coûte*, je te réponds que je t'aurais pour rien" (*Sopha*, p. 65; c'est nous qui soulignons). Pour les femmes de mauvaise compagnie et leurs clients comme pour celles qui, "dit-on, composent la bonne" (*Sopha*, p. 67) et leurs amants, les dernières faveurs font l'objet d'un monnayage qui s'effectue sous les espèces soit d'un argent, soit d'un temps de parole[21] qui finalement s'équivalent de plus en plus à mesure que décroît l'authenticité du sentiment mis sur le marché. Une différence, c'est que si la valeur nominale de l'argent versé à la courtisane coïncide à peu près tant à sa valeur réelle qu'à celle des services achetés, le temps de parole qu'il convient de consacrer à la conquête de l'objet poursuivi afin de permettre à celui-ci de "tomber noblement," ne constitue pas plus une preuve irréfutable de la nature de la pulsion originelle que la "remise de prix" à laquelle correspondrait une reddition-éclair de la femme désirée.

Car la perception de la valeur-estime qu'il convient d'assigner à l'autre passe par la médiation de deux instances qui peuvent agir séparément ou au contraire unir leurs forces pour faire passer un marché donné "à perte." L'une est la force d'une erreur résultant, pour la femme, de sa propre imagination, ou pour l'homme des prétentions injustifiées de sa partenaire, quant à la tendresse et à l'estime qui lui seraient dues; l'autre consiste enfin dans la voix toute-puissante d'un public qui, ayant lui aussi rompu avec la sphère sociale originelle, et faute de pouvoir être le gardien des valeurs, se fait leur courtier: il acquiert en quelque sorte la fonction d'une Bourse véritable, mais en même temps truquée en ce sens que, non contente de constater les fluctuations des valeurs, elle les provoque, selon des modalités et à des fins que la première partie de cette étude tentera de dégager.

C'est dire que les modèles logicosémiotiques qui vont résumer les développements précédents ne devront être acceptés qu'en tant que formalisations provisoires, puisque celles-ci résultent uniquement de déclarations émanant des seuls protagonistes: "discours" au sens benvenistien du terme, lui-même "enchâssé" dans le *discours narratif* que constitue, par exemple, *Le Hasard du coin du feu*. On se contentera de mettre en contact et en opposition les deux systèmes contractuels fondés sur les valeurs individuelles "goût" et "tendresse," et de formaliser, par l'intermédiaire d'un carré sémiotique, les règles de fonctionnement de ces systèmes, compte tenu de leur insertion au sein du système contractuel-mondain,[22] et des conséquences que l'arbitrage du public pourra entraîner pour l'avenir des relations interindividuelles en jeu.

On posera tout d'abord un carré où s'opposeront *déixis*-goût et *déixis*-tendresse, lesquelles ressortissent toutes deux du champ des valeurs individuelles. Chaque *déixis* sera à son tour subdivisée en un pôle investi par l'isotopie du désir, et en un pôle relevant non plus de la "tension vers," mais du "regard-jugement sur." Soit pour la *déixis* "tendre," intersubjective, un pôle "tendresse," contenu corrélé d'un contenu topique "estime." Soit pour la *déixis* "libertine," "intrasubjective," un pôle "goût" auquel, pour compléter le carré, on reliera le contenu topique "mépris." On aura ainsi un carré, conforme aux lois gouvernant la constitution du carré sémiotique, sauf en un point particulier, qui nous révèle dès à présent ses limitations:

On remarquera que dans ce carré tendresse et goût ainsi qu'estime et mépris sont contraires deux à deux, et que tendresse et mépris, goût et estime, sont dans un rapport contradictoire. C'est au niveau des rapports d'implication simple que la clarté du carré se brouille quelque peu, ou du moins qu'elle fait problème: en effet, si la tendresse vraie implique l'estime de l'amant pour l'objet aimé, la relation d'implication entre goût et mépris révèle, si l'on veut conserver un fléchage de même direction, non pas que l'on méprise ce que l'on n'a désiré et obtenu que par goût, mais qu'en fait, l'on ne désire bien que ce que l'on méprise (le goût étant le contenu corrélé du mépris, contenu topique). Affirmation dont il conviendra de vérifier le bien-fondé ainsi que de mesurer la portée en temps voulu.

A ce premier carré, articulé sur des valeurs statiques, va à présent succéder, de façon sans doute fort peu orthodoxe, un véritable complexe de carrés; on y prendra en considération le facteur temporel, passant ainsi du statique au dynamique: c'est ainsi qu'on opposera l'instantanéité du prendre et du quitter dans la *déixis* du goût, à la durée du prendre et du garder dans la *déixis* de la tendresse. Soit deux carrés superposés, où l' "avant" de la chute précède, dans une lecture verticale, l' "après" de celle-ci, et en regard desquels on a disposé deux autres carrés superposés, images-miroirs des deux premiers, mais articulés conformément au carré dégagé ci-dessus:

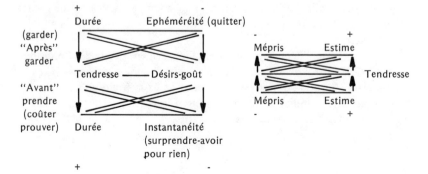

On remarquera que la paire contraire supérieure du carré "après" et la paire contraire inférieure du carré "avant" peuvent à leur tour se combiner pour fournir un carré sémiotique de niveau supérieur, articulé sur les deux axes du "prendre" et du "garder."

On doit garder en mémoire que le système proposé ci-dessus résulte tout d'abord des déclarations des acteurs eux-mêmes. Il ne tient donc pas compte de l'intérêt que certains d'entre eux peuvent avoir, à poser en principe une coïncidence à peu près parfaite entre l'être et le paraître, où le second renverrait toujours à un être sous-jacent qu'il manifesterait tout en en exprimant la valeur. Or, on sait que le monde a précisément perdu la certitude de l'existence d'une telle coïncidence, et qu'y règne constamment un risque de déception, spontanée ou cultivée par autrui dans son propre intérêt; il conviendra donc de compléter la formalisation entreprise ci-dessus par une formalisation complémentaire, effectuée en fonction de ce que Greimas et Courtès définissent comme la "modalisation véridictoire."[23] On utilisera donc un carré où, à un terme complexe, celui du vrai, composé de contraires "être" et "paraître," s'opposera le terme neutre du faux, composé des contraires "non-paraître" et "non-être," et lui-même négation du premier:

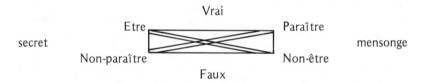

Aux catégories de niveau supérieur du vrai et du faux viennent s'adjoindre, on le voit, celles du secret (être + non-paraître) et du mensonge (paraître + non-être).

Il convient à présent d'affecter des contenus spécifiques aux quatre termes de ce carré. Ces contenus seront situés dans les deux isotopies contraires du goût et de la tendresse, mais on fera varier leur affectation en fonction de deux regards opposés: celui de la femme, pour laquelle l'objet de désir est l'homme, et celui de l'homme, en fonction de la femme, objet de son désir.

Pour l'homme, "libertin par nature," il est évident que le désir physique relève de l'être, tandis que le désir-sentiment ("l'union des âmes") relève du paraître. Au non-être, physique, sera affectée la frigidité, tandis qu'au non-paraître, contradictoire de paraître-sentiment, on affectera le calcul (le marchandage). Soit donc le sarré suivant:

Le Vrai : La Tendresse

e:être:désir physique          paraître:sentiment:p

Le Secret                                                          Le Mensonge
Le Platonisme          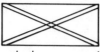          "L'Imagination"

p̄:non-paraître:calcul          non-être:frigidité:ē

Le Faux : La Coquetterie

On voit que ce carré permet de dégager une quadruple typologie de la femme, quant à l'attitude—et aux principes—qui sont les siennes dans le domaine sexuel. Soit:

e & p: la tendre, la faible, qui pratique un amour total, dont les libertins les plus endurcis admettent l'existence—en fait, c'est sur lui qu'ils bâtissent le plus clair de leur réputation—tout en émettant des doutes sur sa fréquence.

p & ē: les "imaginatives" qui, telles l'Araminte de *La Nuit et le moment,* substituent aux jouissances physiques qui leur sont refusées par la nature, des équivalents de nature cérébrale. Ces femmes, à la merci de leur imagination, constituent l'escadron des "galantes," voire même des "indécentes."

e & p̄: c'est le côté du secret et des "platoniciennes"; c'est le côté des prudes, où s'allient le désir physique et un non-paraître-calcul. C'est le côté où l'on se refuse, ou bien où l'on se vend par petits bouts, par morceaux.

ē & p̄: s'allient ici le calcul et l'absence de désir physique. Cette zone du faux est réservée aux coquettes, qui, telle Madame de Pembrook dans *Les Heureux Orphelins,* prennent leur plaisir en même temps qu'elles en retirent leur gloire, à regarder et dominer.

Du carré des conduites et types féminins, passons au carré dont l'homme fait cette fois l'objet. Si les types y sont moins accusés (en ce sens qu'il n'est pas toujours possible de recourir à des noms-catégories), il n'en fait pas moins apparaître quatre types de conduites bien différenciés. Rappelons qu'on adopte ici le point de vue féminin pour lequel le sentiment occupe le poste de l'être, tandis que le désir physique investit celui du paraître-manifestation:

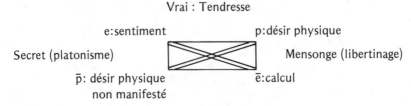

Vrai : Tendresse

e:sentiment            p:désir physique

Secret (platonisme)          Mensonge (libertinage)

$\bar{p}$: désir physique          $\bar{e}$:calcul
non manifesté

Faux

"L'Hypothèse Mazulhim"

e & p: correspond à "l'amour-total." Soit, par exemple, le Zulma du *Sopha*, après l'instant de vérité.

p & $\bar{e}$: c'est la zone du libertinage. Le mensonge se compose du désir physi-que-paraître de l'homme, auquel vient s'allier le non-être du calcul.

e & $\bar{p}$: c'est la zone du platonisme, du désir physique tû à la femme aimée (soit le Sulma d'avant la double "surprise de l'amour").

$\bar{e}$ & $\bar{p}$: dans la zone du faux, il faut admettre que dans son alliance avec le calcul, le désir physique non manifesté devient non manifestable, et équivaut alors à l'impuissance.[24] On y trouve des personnages tels que le Mazulhim du *Sopha*, chez qui l'impuissance partielle s'allie au désir de dominer.

On remarquera en conclusion de ces développements que si l'on divise ce dernier carré en deux triangles selon un axe p.$\bar{p}$, le triangle supérieur correspond à un rapport amoureux idéal où s'allient le vrai et le secret, le premier au profit des deux amants, le second intervenant alors pour les protéger vis-à-vis des indiscrétions du public qu'il rend ainsi ignorant de l'aspect physique de la relation considérée. Quant au second triangle, il correspond à la situation développée dans *Le Sopha*, à la machination tramée par le quasi-impuissant Mazulhim et son complice et ami Nassès contre la détestable Zulica, épisode au terme duquel celle-ci se voit entière-ment livrée à la discrétion des deux conjurés.

Telles sont les huit catégories—quatre pour les hommes, quatre pour les femmes—qui vont s'affronter au sein du système mondain dont nous nous proposons d'étudier plus en détail le fonctionnement. Nous pouvons dès à présent poser en principe—et ceci conformément à l'analyse que Georges Bataille a donnée du phénomène de l'érotisme—que se révélera une fois de plus l'indissociable lien unissant l'un à l'autre érotisme et travail, d'une part, érotisme et puissance, de l'autre. Sans doute le jeu mondain consiste-t-il, en ses manifestations les plus extrêmes, à priver l'autre de sa liberté. De la

dimension érotique pure, les "grands libertins" qui le pratiquent le dépla-
cent vers une zone nouvelle, "consacrée au pouvoir érotique en tant que
pouvoir social."[25]

Compte tenu cependant de l'existence de la Bourse des réputations à
laquelle il a déjà été fait allusion, il importe de garder en mémoire que ce
pouvoir est fondé sur une véritable économie des valeurs dans laquelle
ceux qui en sont titulaires sont obligatoirement impliqués. Curieusement,
la description du système libertin rejoint l'un des principes fondamentaux
de l'analyse marxiste, en ce sens que là encore, "l'économique prime le
politique."

On sait, par exemple, que les œuvres de la dernière période tendent à
accorder la prééminence aux "grands libertins," tels l'Alcibiade des *Lettres
athéniennes* ou le Chester des *Heureux Orphelins*. La défiance qu'ils éprouvent tous deux vis-à-vis de passions qui "soumettent et avilissent les hommes,
les rendent dépendants" des autres (*H.O.*, p. 258), et le désir absolu d'autonomie qui en résulte, déterminent alors un choix existentiel particulier.

Chester préfère en effet

... au bonheur toujours assez douteux de régner sur un cœur par le sentiment, le
plaisir singulier et flatteur, de régler une âme comme on le veut, de ne la déterminer
que sur ses ordres, d'y faire naître tour à tour les mouvements les plus opposés, et du
sein de son indifférence, de la faire mouvoir comme une machine dont on conduit les
ressorts, et à laquelle on ordonne à son gré le repos et le mouvement. (*H.O.*, p. 282)

C'est ainsi que le grand libertin—comme on dit le grand fauve—rejoint, à
l'autre extrémité du spectre du désir, la prude ou la sage. Il partage d'ailleurs cette position avec une autre représentante du sexe féminin, dont la
conduite est, elle aussi, tout entière fondée sur la manipulation de ceux
auxquels elle se refuse par principe: soit la coquette, présente dans le carré
ci-dessus proposé, mais qui n'apparaît que rarement dans l'œuvre de Crébillon—et ceci à l'arrière-plan.[26]

Mais à la différence de la prude qui tend, autant qu'il lui est possible, à
s'exclure du système, le libertin et la coquette sont astreints à servir celui-ci
en même temps qu'ils se targuent de le dominer: pour agir en tant que
coquette ou libertin, encore faut-il être reconnu comme tel. C'est là d'ailleurs que se révèle le côté paradoxal du statut dont ils sont si jaloux, puisqu'ils ne peuvent se faire juges d'un autre à la fois individuel et collectif
qu'en acceptant d'être jugés, "jaugés," reconnus par lui, en même temps
qu'ils assoient la toute-puissance de la raison dont ils se veulent les champions sur les passions aveugles de ceux qu'ils manipulent.

Dans ce rapport s'ébauchent déjà les linéaments propres à la dialectique
du maître et de l'esclave, mais sans qu'aucun espoit de résolution dialectique se fasse jour: exploitant et exploité sont indissolublement liés l'un à

l'autre sans qu'on puisse même déterminer dans quelles conditions s'effectue la répartition des rôles. Ainsi, les "arbitres du goût" sont irréductiblement impliqués dans cette économie, dans ce système de circulation des valeurs dont nous avons posé l'existence, et dont la nature essentiellement fiduciaire s'impose de plus en plus à la perception. En fait, le système amoureux qui confère son mouvement à l'univers narratif de Crébillon est exactement la contrepartie littéraire d'un système de Law qui aurait réussi, et où régnerait de façon assurée le principe suivant: "plus le numéraire se meut, plus il rendra service."[27] Cet univers, ce milieu où flottent et circulent plus ou moins rapidement des êtres-valeurs que la voix publique constitue en effets négociables, est lui aussi le lieu d'une perte définitive du "goût littéral des espèces";[28] à l'or éthique sur lequel étaient solidement fondées les valeurs de la "société" reniée, succède alors un "flottement fort ludique . . . une facticité supérieure de l'artifice"[29] dont l'analyse qui va suivre s'efforcera de dégager les mécanismes.

Cependant, avant d'entamer l'analyse proprement sémiotique du *Hasard du coin du feu* et de nous pencher sur son articulation syntagmatique, il convient de déterminer dans quelle mesure les principes dégagés au cours de la précédente section s'appliquent aux trois protagonistes du dialogue de Crébillon.

Eu égard à la phase des tractations préliminaires à la passation d'un contrat de tendresse, on rappellera que pas plus que le "narrateur-éditeur" du dialogue, le Duc et la Marquise, acteurs de celui-ci, ne rompent un silence prudent sur les conditions éventuelles de son déroulement: le lecteur ignorera toujours comment le Duc a conquis sa maîtresse. On remarquera d'autre part que la liaison en question est l'une des rares liaisons durables, "heureuses," du corpus crébillonien; et sa durabilité ressort d'autant plus, eu égard à la fugacité du moment qui rapprochera l'un de l'autre le Duc et Célie, amie et rivale de la Marquise. Liaison durable, mais liaison fragile: car dans le cadre du système mondain, nous savons que la zone du permis n'est zone "libre" qu'au sens où celle-ci l'était sous l'occupation allemande de 1940-1944; cette liaison se perpétue en fait au prix de concessions qui, octroyées gracieusement, sont constamment susceptibles d'être remises en cause et reprises par l'occupant; le système mondain relève de la charte bien plus que de la constitution.

La liaison entre le Duc et la Marquise ne saurait donc reproduire l'état de bonheur utopique dont jouissent la Phénime et le Zulma du *Sopha*, puisque sa simple existence implique celle d'une rupture avec la sphère des valeurs "sociales." Le contrat qui les unit l'un à l'autre n'a pas la nature d'un contrat à exécution progressive, étalée dans un temps-durée; il s'agit bien plutôt, ainsi que nous l'avons dégagé lors de notre étude du contrat de goût, d'une série de contrats successifs, tacitement renouvelables et renouvelés, dont seul l'enchaînement donne l'illusion de la durée.

En dépit de ses affirmations, la Marquise est d'ailleurs loin d'être absolument convaincue de la perdurabilité de l'estime que lui voue le Duc—et donc de la validité des preuves que celui-ci lui en a données. Ne doit-elle pas en effet lui prouver de façon constante qu'elle est estimable? Ainsi justifie-t-elle aux yeux de son amant la promptitude avec laquelle elle se rend au chevet de sa mère malade:

> . . . vous seriez le premier à me blâmer si je manquais à un devoir aussi sacré que l'est le devoir qui m'appelle: et quand je serais, par mon inclination, moins portée à la remplir, je le ferais, *ne fût-ce que pour conserver votre estime. (Has.,* pp. 176-77; c'est nous qui soulignons)

Bel aveu! Non seulement la "preuve" d'estime dont le Duc l'a gratifiée au début de leur liaison doit constamment recevoir justification—rien n'est jamais acquis à la femme—mais elle peut encore s'attirer cette estime, ou la conserver, en recourant à des conduites où le paraître ne serait plus la manifestation irrécusable d'un être sous-jacent, mais la simulation pure et simple de ce qui n'est pas. Ainsi, cette liaison, que la plupart des critiques de Crébillon s'accordent à dépeindre sous les couleurs les plus aimables, est d'ores et déjà minée par un soupçon d'inauthenticité. Ce couple, "le plus sain, le plus positif et le plus sympathique que Crébillon ait créé,"[30] est-il aussi "content," aussi "incapable de duplicité" qu'on pourrait être tenté de le croire—voire de le souhaiter? La distance est en tout cas minime de la sincérité à un pur spectacle où, à la suite d'un accord tacite des partenaires, l'estime ne serait plus manifestée, mais simplement mimée.

Dans une certaine mesure le Duc et la Marquise sont, en tant qu'amants, dans une situation de "morts en sursis," et ce statut est encore plus évident dans le cas de Célie, troisième "interlocuteur" du dialogue, à la fois adepte honteuse et victime de l'amour-goût. Ses multiples aventures ont été dûment publiées par ses anciens amants, conformément à la loi dégagée plus haut. Seul le décès du dernier, Prévanes, et les circonstances attendrissantes dans lesquelles il est survenu, lui permettent de se maintenir, au moment où s'ouvre le dialogue, hors de la zone violation-aliénation à laquelle elle semblait devoir être indissociablement liée. Grâce à l'échange aux termes duquel Prévanes a payé la vie "mondaine" de Célie de sa propre mort physique—il a gagné une fluxion de poitrine en la veillant dans une maladie dont elle a pensé mourir—la jeune femme préserve un équilibre précaire aux yeux du monde auquel, à plus d'un titre, elle appartient. Mais pour le lecteur lui-même, la question n'est pas tant de savoir si elle tombera—compte tenu des lois de la probabilité chez Crébillon, sa chute est inéluctable—que de savoir *comment,* selon quelles modalités s'accomplira cette chute.

Chacun des trois protagonistes a violé le contrat social en passant un contrat prohibé, et sa situation vis-à-vis du contrat mondain est à la limite de la régularité. Toute violation actuelle emportant, conformément aux principes d'analyse greimassiens, une aliénation actuelle, on déduira du principe précédent qu'une violation virtuelle aura pour pénalité une aliénation, elle aussi virtuelle. Ainsi, ayant violé les clauses du contrat social, les trois protagonistes ont subi une aliénation virtuelle, liée à la fragilité de leurs statuts respectifs, et dont il conviendra d'étudier l'occurrence et de préciser la nature.

Le Duc, Célie et la Marquise sont d'autre part liés les uns aux autres par des contrats individuels de natures diverses, dont le respect est le gage du maintien de la bonne entente qui règne entre eux. Respect impliquant à son tour la prohibition de certains types de contrats dans l'hypothèse où leur passation menacerait l'équilibre d'une convention préexistante.

Si l'on considère tout d'abord le contrat d'amour-tendresse qui lie la Marquise au Duc, on voit que son exécution implique, pour chacun d'eux, prohibition de passer le même type de contrat avec qui que ce soit d'autre, le non-respect de cette prohibition entraînant par ailleurs la nullité rétroactive du contrat de tendresse qui passerait automatiquement dans la zone du prohibé mondain.

L'inconstance est donc interdite aux deux amants. Qu'en est-il des aventures où, le cœur et l'esprit conservant leur ancrage affectif, seul le corps "s'égare"? Puisqu'on se trouve ici dans la zone que régit la légalité mondaine, il en résulte, conformément aux axiomes statuant sur les appétits sexuels des représentants des deux sexes, que s'il est interdit à la Marquise d'avoir une "fantaisie" pour qui que ce soit—sous peine de perdre l'estime de son amant—le Duc conserve la possibilité de succomber au "goût" qu'il pourrait prendre pour celles qui lui "plaisent." Chez le Duc, donc, la constance n'implique pas la fidélité; constance et fidélité conservent leur autonomie respective:

CELIE—. . . . Est-ce que vous ne l'auriez pas rendu fidèle?
LA MARQUISE—. Non; mais constant; et, à mon sens, c'est beaucoup plus.
(*Has.*, p. 163)

On notera que, tant dans le cadre de la constance que dans celui de la fidélité, chaque amant est soumis au regard de son partenaire, mais d'un partenaire qui le juge à la fois en son nom propre et en celui du monde dont il constitue une émanation. Cette observation incite à présumer qu'il existe entre le Duc et la Marquise une convention aux termes de laquelle le premier a la responsabilité de narrer à la seconde—en tant qu'elle représente le monde, et conformément aux principes précédemment dégagés—le détail de ses escapades. Une telle supposition trouve confirmation dans l'une des interventions du narrateur-éditeur du dialogue:

> ... rien ne lui serait plus aisé que de cacher cette aventure; et en supposant qu'il la confiât à la Marquise, il a tant de preuves de sa façon de penser à cet égard qu'il ne devrait point douter qu'elle lui pardonnât. (*Has.*, p. 255)

Si donc la Marquise n'ignore rien de "la méthode la plus ordinaire" (*Has.*, p. 162) à laquelle le Duc recourt dans le cadre de ses activités libertines, c'est en conséquence d'un contrat de parole mutuelle (dont l'existence est par ailleurs liée à la parole qu'ils se sont mutuellement donnée), où doit régner la sincérité la plus absolue.

Si la Marquise est liée au Duc par un contrat de tendresse, elle est d'autre part liée à Célie par ce que l'on pourrait définir comme un contrat d' "amitié mondaine" dont le fonctionnement, voire même les règles déterminant sa validité, se ressentent du laxisme propre au champ des valeurs mondaines. Si en effet, selon les règles particulières à l'exécution du "contrat social" de base, la violation d'un tel contrat devait rendre impossible tout commerce entre le violateur et les autres membres du corps social, les règles en vigueur dans le monde font preuve d'une tolérance plus grande: on reçoit ceux que l'on craint et l'on rend visite à ceux que l'on méprise; telle est la loi qui, dans *Les Egarements*, permet la réunion en un seul lieu d'êtres aussi dissemblables que Mesdames de Théville, de Lursay et de Sénanges, ainsi que de Meilcour, Versac et Pranzi. L'estime n'entrant pas en ligne de compte dans l'économie de telles relations, il apparaît que celles-ci constituent, en réalité, des contrats plus ou moins déguisés quant à leur objet. Ainsi, dans le cas de la Marquise et de Célie, l'amitié qui, fondée sur une parenté initiale, semble les unir, n'est qu'un leurre; leur rapport est en fait fondé sur la nécessité, sur le besoin. Célie ne paraît être l'amie de la Marquise que parce qu'elle a besoin d'elle, et ce paraître est un paraître de simulation pure.

Le contrat considéré a pour fonction ultime de tromper un tiers, en l'occurrence la mère de Célie, dépositaire des valeurs sociales, et de démentir en même temps les bruits que le public, dépositaire des valeurs mondaines, a déjà fait courir sur la jeune femme, ce tour de passe-passe étant rendu possible par un raisonnement syllogistique du type suivant: "l'amitié d'un être estimable prouve le caractère estimable de celui qui en est le récipient; Célie est l'amie d'une femme estimable; donc Célie est estimable." Syllogisme dont on est déjà à même de vérifier la fragilité, puisque l'estime dont bénéficie la Marquise peut lui être retirée à tout moment.

Quant à sa nature, ce contrat "d'amitié" peut s'analyser comme un contrat de don: apparemment, si Célie a besoin de la Marquise, la réciproque n'est pas vraie. Ce don consiste en la prestation d'une *couverture*, et son acceptation par la co-contractante astreint celle-ci à fournir un certain type de contre-prestation, de nature négative: en l'espèce abstention, par le bénéficiaire du don, de passer certains contrats qui constitueraient en soi une preuve d'ingratitude. En l'occurrence, il est interdit à Célie de dérober, par la violence ou la ruse, ce qui appartient à la Marquise, ou ce dont elle jouit de façon peut-être transitoire. Dans l'optique qui est la nôtre, cette prohibition porte bien sur toute tentative par laquelle Célie s'efforcerait de prendre le Duc à la Marquise, et, le rendant inconstant, de dérober à celle-ci l'estime qu'elle a réussi à se conserver.

Compte tenu de la zone du "mondain" dans laquelle vient s'intégrer ce contrat, et de la disjonction, d'amplitude variable mais toujours présente, qui s'y manifeste entre être et paraître, il conviendra, dans le cadre de l'analyse qui va suivre, de vérifier à quel point l'apparence correspond à la réalité.

C'est ainsi, d'une part, qu'on déterminera jusqu'à quel point ce contrat d' "amitié mondaine" constitue bien un contrat de don "pur"; on dégagera, le cas échéant, l'intérêt que la Marquise peut trouver à prolonger son existence: on se rappelle en effet que l'exécution de ce contrat mondain recouvre en fait une succession ininterrompue de contrats instantanés, renouvelables par acceptation tacite, mais à laquelle peut mettre un terme définitif une décision unilatérale de ne pas renouveler. Par ailleurs, on mettra en lumière les sanctions susceptibles de frapper toute infraction à la loi de ce contrat particulier et l'on vérifiera dans quelle mesure la Marquise, détentrice de cette loi, est également détentrice des moyens de lui donner plein effet.

Il importe enfin de poser en principe l'absence de tout contrat entre le Duc et Célie au moment où le dialogue les met en présence: contrat de goût ("elle ne [lui] a jamais plu," p. 183), non plus que contrat d'amitié. Si l'on voit le Duc chez Célie, ce n'est qu'en qualité d'amant de la Marquise, et cette circonstance révèle une fois de plus l'existence de toute une hiérarchie de relations contractuelles, dont le principe de fonctionnement est le suivant: quiconque, s'étant engagé dans un contrat de rang supérieur, s'engage dans un contrat de rang inférieur régi par le précédent, s'inscrit dans l'économie de ce contrat non seulement en son nom propre, mais encore en tant que dépositaire ou représentant de la loi du contrat de niveau supérieur auquel il a déjà souscrit.

C'est ainsi que tout partenaire à une relation de tendresse ou de libertinage s'y manifeste en même temps en tant que dépositaire des valeurs des conventions de niveau supérieur, contrat mondain, contrat social, et ceci même lorsqu'il a contrevenu aux dispositions de celles-ci: il est tout à la fois juge et partie.

Inversement, et dans l'hypothèse qui nous occupe, le Duc lié à la Marquise par l'amour-tendresse va obligatoirement représenter celle-ci dans les contrats par lesquels il lui arrivera de se lier avec des tiers. On peut déjà prendre conscience du fait qu'un personnage tel que le Duc n'a d'autre fonction que de recouvrir une extrême complexité de "circuits" contractuels, relevant de plusieurs isotopies différentes ("goût masculin," tendresse, "amitié mondaine") et s'insérant les unes dans les autres, selon les lignes du principe hiérarchique ci-dessus énoncé.

Cette représentation au niveau de la passation de contrats se double d'ailleurs d'une représentation au niveau des luttes qu'un protagoniste donné peut engager en vue de préserver le fonctionnement des contrats auxquels, dans les conditions déterminées ci-dessus, il est déjà partie, ou, dans le cadre des tractations préliminaires, de s'engager dans un contrat nouveau, de niveau inférieur aux précédents.

Compte tenu de ces observations, il est bien évident qu'une analyse sémiotique du *Hasard du coin du feu* pris en tant que syntagme narratif, ne saurait se limiter à une lecture unilinéaire du dialogue de Crébillon. La superposition de ces diverses instances contractuelles et la hiérarchie qui les ordonne les une par rapport aux autres, doivent au contraire inciter à procéder à une espèce de réalisation "musicale" de l'œuvre. Tels sont donc les deux buts essentiels que se propose la section qui va s'ouvrir: dégager dans quelle mesure les règles logiques gouvernant, selon la *Sémantique structurale* de Greimas, le conte merveilleux, sont susceptibles de s'appliquer au récit libertin, mais aussi mettre en valeur la polyphonie des lignes narratives ainsi que la subtilité particulière de certaines notes de passage, d'accords dont le plaisir qu'ils dispensent est essentiellement fonction de l'art avec lequel l'artiste en diffère la résolution.

# DEUXIÈME PARTIE

## ÉTUDE SYNTAGMATIQUE
## DU *HASARD DU COIN DU FEU*:

## PARCOURS ET ÉPREUVES

## A.1. Les Aliénations

On rappellera que lorsque s'ouvre *Le Hasard du coin du feu*, chacun des protagonistes du récit-dialogue a déjà conclu et/ou rompu plusieurs séries de contrats de même niveau ou de niveaux différents. Ces diverses ruptures ont été, à leur tour, génératrices d'aliénations-manques qui se manifestent à deux niveaux: tout d'abord au plan de la jouissance individuelle des valeurs-qualifications, d'autre part quant aux modalités de fonctionnement des divers ordres contractuels.

C'est ainsi que l'ordre contractuel social a été perturbé par les trois contrats ou séries de contrats à objet sexuel qu'ont passés Célie et ses amants successifs, d'une part, la Marquise et le Duc, de l'autre, enfin par le contrat non sexuel mondain dans lequel se sont engagées Célie et la Marquise.

Il apparaît d'autre part au lecteur que le bon fonctionnement de l'ordre contractuel mondain, domaine du licite et du permis quant aux contrats à objet sexuel, a été affecté de deux façons: tout d'abord par les ruptures successives de contrats ayant mis un terme aux diverses liaisons de Célie, en second lieu par le doute fondamental qui plane sur le statut de l'union amoureuse existant entre le Duc et la Marquise.

On récapitulera ici les contenus respectifs des manques, des aliénations qu'ont provoquées les violations des prohibitions dont s'assortit le respect de ces deux ordres contractuels. La rupture du conrat social a entraîné, pour l'homme autant que pour la femme, une perte d'estime, tant au regard du tribunal intérieur qu'à celui du partenaire au contrat illicite; cette perte se traduit, au plan mondain où le contrat originel continue à produire ses effets selon les modalités restreintes que l'on sait, par la perte d'une assurance, l'assurance d'être estimable, par l'acquisition d'un objet de valeur négative, le doute sur la valeur, dont l'intensité varie selon les circonstances mêmes de la chute.

Quant à la rupture du contrat mondain, elle se répercute par une perte au niveau d'un paraître de pur spectacle, à partir du moment où elle est soumise à publicité: perte d'une réputation dont le contenu varie selon le sexe du contrevenant, puisque la femme y perd sa respectabilité et y gagne l'objet négatif d'indécence ou de galanterie, tandis que l'homme y acquiert celui de ridicule.

Telles sont les aliénations dont le lecteur prend connaissance au cours des premières pages de l'œuvre; ces aliénations, rappelons-le, ont pris effet antérieurement à l'ouverture proprement dite du *Hasard*. Le déroulement du dialogue ainsi que les informations qui y seront échangées vont d'ailleurs contribuer à mettre en lumière, et donc à faire entrer en jeu, des aliénations supplémentaires auxquelles nous consacrerons notre attention en temps voulu.

Selon la formalisation à laquelle la *Sémantique structurale* de Greimas soumet l'analyse proppienne du conte merveilleux, à ces diverses aliénations devront correspondre des réintégrations qui viendront combler les manques initiaux. Ces réintégrations seront elles-mêmes acquises au terme de quêtes, subdivisées en trois épisodes, en trois épreuves, dotées toutes trois de la même armature syntagmatique, mais différant les unes des autres en fonction de l'isotopie propre aux contenus qui sont investis en elles. Leur schéma syntagmatique de base comporte, dans l'ordre de succession, les fonctions et couples de fonctions suivants:

A — injonction vs. acceptation (c'est en fait le contrat introductif de lutte
        dont nous avons traité au chapitre précédent);
F — affrontement vs. réussite (il s'agit de l'épisode lutte proprement dit);
non c — conséquence (soit victoire et/ou défaite).[1]

Au niveau des contenus investis, on rappellera que la première épreuve, ou épreuve qualifiante, EQ, a pour conséquence non c, la réception de l'adjuvant, qui s'analyse ici comme la réception d'un *pouvoir-faire*; que la deuxième épreuve, ou épreuve principale, EP, débouche sur la liquidation du manque proprement dite—ou restitution d'un *vouloir-faire*; qu'enfin la troisième épreuve, ou épreuve glorifiante, EG, dont la conséquence est la reconnaissance du sujet en tant que héros, se situe dans l'isotopie de la reconnaissance d'un *savoir-faire*.[2] Ces trois épreuves manifesteront, sur le plan de la performance, la compétence, dont le sujet héros est par définition titulaire, de transformer le virtuel en actuel.[3]

Pour donner un exemple, on peut dire que tout séducteur libertin est doté d'un pouvoir-faire virtuel, soit sa capacité physique, d'un vouloir-faire (dont l'analyse de Roger Vailland rend compte en recourant au concept de "projet"), enfin d'un savoir-faire, qui consiste en l'art avec lequel il conduira son entreprise de séduction. Ce savoir-faire a pour termes complémentaires un "parler" et un "agir" dont les champs se recouvrent partiellement, puisque si dans toute entreprise de séduction parler c'est en effet agir, agir, ou réagir, c'est inversement délivrer un message susceptible de déchiffrement. Quant au parler lui-même, l'art narratif crébillonien, sans aucun doute dérivé du dialogue platonicien, le ventile en un dire-discours et un dire-narrer, ou, pour reprendre la distinction à présent classique de Benveniste, en des discours et des récits dont les seconds fournissent souvent des *exempla* illustratifs aux dispositifs discursifs et argumentatifs des premiers. A l'inverse, leur contenu érotique fera fréquemment obstacle, de par l'excitation qu'il viendra provoquer dans l'esprit de leur destinataire, au plein exercice par celui-ci de ses facultés de raisonnement logique. Convaincre et troubler étant ici intimement liés l'un à l'autre, le syllogisme aristotélicien intégré dans le dialogue de type platonicien revêt alors la sensualité propre au récit libertin enchâssé qui lui sert de moyen terme; et le résultat final de l'entreprise libertine, où le séducteur constitue la contrepartie érotique de la "torpille" socratique, peut—qu'on nous passe ce jeu de mots—s'analyser comme un véritable "détournement de mineure". . . .

C'est en suivant ces lignes directrices qu'il conviendrait sans doute de rendre compte de l'autre dialogue de Crébillon, *La Nuit et le moment*. Les données propres au *Hasard* sont sensiblement différentes, en ce sens que le plaisir du jeu qui exerce encore son empire dans le premier, fait place ici à toute une série de calculs dont l'existence est en relation directe avec la conscience que les protagonistes ont de leurs aliénations, et des efforts qu'ils vont faire pour procéder à leurs diverses réintégrations. Compte tenu de l'étroitesse des liens logiques unissant les unes aux autres les diverses phases de la séquence aliénation et celles de la phase de réintégration, c'est donc à une étude détaillée de la première qu'il conviendra de procéder en premier lieu. Après quoi, modelant notre étude sur la procédure suivie par Greimas, nous analyserons successivement les épreuves, les déplacements des protagonistes en liaison avec ce que Greimas définit comme l'absence du héros, pour conclure cette étude syntagmatique par une analyse des réintégrations finales ainsi que des rapports logiques qui les lient aux aliénations initiales.

### A.2. La Séquence aliénation à l'intérieur des récits enchâssés

La *Morphologie du conte* de Propp dégage neuf fonctions constitutives de cette séquence, et la réduction logique à laquelle procède à son tour Greimas réduit ces fonctions aux cinq suivantes. Soit:

1. Absence
2. Prohibition-violation
3. Enquête-renseignement
4. Déception-soumission
5. Traîtrise-manque[4]

Si l'on tente de dégager des violations des ordres contractuels social et mondain les séquences aliénation qui en résultent, on remarquera immédiatement que *Le Hasard* est absolument muet sur la séquence aliénation

propre au Duc et à la Marquise, puisque celle-ci refuse de narrer les circonstances de sa chute. Une fois de plus, il faut, pour combler cette lacune,
recourir au modèle "idéal" que fournit, dans *Le Sopha*, l'épisode de Phénime et Zulma, véritable "archisyntagme" d'aliénation dans l'isotopie
"société/tendresse." Soit:

1. Absence: puisque toute aliénation semble nécessiter, dans le code narratif crébillonien, une entrée dans le monde assortie ou non d'un mariage actuel en fonction du sexe du protagoniste, on pourrait définir
   l'absence en tant que détachement physique et éthique par rapport à
   la famille d'origine, microcosme social, et aux valeurs qui s'incarnent
   en elle.
2a. Prohibition: elle consiste à envisager la possibilité d'une relation sexuelle
   hors mariage.
2b. Violation: actualisation de 2a.
3. Enquête-renseignement: ces deux fonctions se manifestent à la fois au
   niveau intrasubjectif et au niveau intersubjectif. Ayant peu à peu pris
   conscience de son sentiment de tendresse pour son partenaire, le sujet
   s'attache à élucider la nature des sentiments que celui-ci lui voue en
   retour. Un débat didactique sur l'amour servira de véhicule à une telle
   enquête. Conformément aux conseils fournis par La Rochefoucauld:

   ... l'amant s'efforcera de commencer la conduite de sa Passion par la connaissance la plus parfaite qu'il puisse tirer de la personne qu'il aime, et particulièrement les sentiments qu'elle a en général touchant l'amour; d'essayer de lui
   témoigner en toutes rencontres une extrême nécessité de savoir les pensées
   qu'elle peut avoir sur ce sujet; de renouveler autant que la licence le permet les
   discours qui touchent cette matière.[5]

   Ayant sondé les dispositions de sa partenaire, et l'ayant mise à même
   de connaître celles de son soupirant, l'amant, modelant sa conduite
   sur les opinions théoriques et les réactions concrètes de son interlocutrice, sera alors en mesure de donner à celle-ci la certitude de l'amour
   qu'il lui porte, tâche d'autant plus aisée qu'à ce stade particulier, tout
   dans l'attitude de la femme trahit l'amour qu'elle ressent, quels que
   soient ses efforts pour en cacher les manifestations.[6]
4. Déception-soumission: cette phase correspond à la section de l'épisode
   Phénime-Zulma au cours duquel Phénime décide qu'il est moins dangereux de recevoir Zulma en privé qu'en public:

   Elle entendait si bien Zulma! La méchanceté des spectateurs ne pouvait-elle
   pas leur donner cette pénétration qu'elle ne devait qu'à l'amour? Zulma était
   moins dangereux pour elle quand ils étaient seuls, puisqu'alors il savait être
   respectueux, et que devant des témoins il n'était jamais assez prudent; donc il
   ne fallait le voir en compagnie que le moins qu'il serait possible. (*Sopha*, p. 83)

Cette décision a pour conséquence la libération d'un moment dont le pouvoir est bien vite mis en échec par le respect de l'amant. Toutefois en vertu du principe selon lequel "un moment donné par le caprice, s'il n'est pas saisi, ne revient peut-être jamais, mais quand c'est l'amour qui le donne, il semble que moins on le saisit, plus il s'empresse à le rendre" (*Sopha*, p. 77), le respect de Zulma est immédiatement payé du don complet que Phénime lui fait d'elle-même.

Puisque dans cet épisode particulier du *Sopha* on est pleinement dans le champ du Conte, le plus utopique, il va de soi que ce don, fondé sur la prééminence des valeurs individuelles, sur la vérité de l'amour et leur triomphe sur des valeurs sociales et mondaines mensongères, constitue en fait un facteur de comblement d'un manque initial. S'il y a traîtrise, c'est dans l'acception courante du terme, et cette traîtrise bénéfique correspond en termes sémiotiques à la réception par les deux acteurs de l'adjuvant qui leur permet d'anéantir tous les obstacles à la réalisation de leur amour. Bien au contraire, dans *Le Hasard*, et même si l'on admet que les circonstances de la reddition de la Marquise "collent" autant que possible au modèle idéal, cette traîtrise peut toujours se révéler comme traîtrise au sens fort au cas où la liaison viendrait à périr; la rupture manifeste véridiquement et rétroactivement que chacun des deux partenaires a été traître envers soi-même en passant un contrat de tendresse prohibé par l'ordre social. On comprend alors pourquoi la femme hésite toujours à mettre un terme à une liaison, puisque la rupture constitue par elle-même procès-verbal d'inauthenticité de la relation considérée, en même temps qu'un véritable certificat de "traîtrise" vis-à-vis de l'ordre lésé.

L'analyse précédente révèle d'autre part un point intéressant sur le plan de la théorie de l'analyse des récits: il existe une étroite relation entre la séquence aliénation et la séquence quête, en ce sens que toute quête manquée, au terme de laquelle le vaincu apparaît, selon la terminologie sémiologique, comme traître, peut également s'analyser en tant que séquence introductive d'aliénation, laquelle peut à son tour déboucher sur un épisode de quête au terme duquel les aliénations originelles pourront être soit liquidées, soit encore consolidées. Les carrières respectives du Duc et surtout de Célie constituent des exemples convaincants de ce point particulier.

S'il est permis de penser que la Marquise en est à sa première "chute," il ne va pas de même pour les deux autres interlocuteurs du dialogue, et les défaillances dont ils ont été victimes seront portées à la connaissance du lecteur par les récits, plus ou moins développés, enchâssés au sein du dialogue lui-même.

On apprend ainsi que le Duc, au cours de sa carrière libertine, a été trahi par deux fois. Tout d'abord, et pendant son "noviciat," en s'engageant dans une relation fondée sur le goût, mais que sa naïveté lui a fait croire relever de la tendresse, et ceci en dépit de l'indécence et du peu d'attraits de sa séductrice (cf. *Has.*, pp. 190-93):

Ah! Madame, l'indécence d'un côté, et de l'autre la Nature, arrangent si bien et si promptement les choses, que l'on se trouve tous deux du même avis, sans pouvoir, le plus souvent, dire ni l'un ni l'autre comment cela s'est fait. (*Has.*, p. 192)

Il est d'autre part amené à confier à Célie qu'ultérieurement engagé dans une liaison de goût pur sur la nature de laquelle aucun doute n'était initialement possible, la nécessité de ménager la "fantaisie" de sa partenaire—"elle voulait à tout prix que je l'aimasse"—l'a obligé, par crainte "en s'y dérobant sans aucune sorte d'égard, d'avoir de trop mauvais procédés," à rompre en observant, au niveau du paraître pur, les formes afférentes à une rupture de contrat de tendresse (*Has.*, pp. 228, 229).

Par deux fois, donc, le libre arbitre de Clerval a succombé à la traîtrise, tout d'abord au niveau d'une juste appréciation de l'être, ensuite à celui de la liberté du faire et tout particulièrement de la quantité indue de temps qu'il a dû consacrer à une rupture à laquelle les lois du goût imposaient d'être instantanée. Traîtrise qui, dans les deux cas, lui a fait encourir la sanction du ridicule, conformément aux lois précédemment dégagées.

On rappellera que ces deux récits sont présentés sous une forme schématique: si le Duc se livre davantage que la Marquise, il n'en reste pas moins fort discret, et cette discrétion trouve d'ailleurs sa contrepartie active dans le talent avec lequel il va amener Célie à lui conter par le menu les circonstances de sa première chute. En effet, si dans *La Nuit et le moment* faire raconter équivalait à "être séduite" et raconter à un "séduire" masculin, dans *Le Hasard du coin du feu* raconter équivaut, en fait, à "se livrer," de même que "faire raconter" représente à la fois le moyen et l'équivalent d'un *dominer* qui peut se décomposer à son tour en un "faire faire" et en un "faire dire."

La séquence enchâssée dont le Duc provoque la narration va constituer un exemple parfait de la remarque précédente, en même temps que s'y révéleront sans la moindre ambiguïté les unités constitutives de la séquence aliénation-type. Cette séquence se décomposera ainsi que suit:

1. Absence: détachement d'ordre physique et éthique par rapport à la famille d'origine et aux valeurs qui s'incarnent en elle.
2. Prohibition-violation: Célie s'intéresse sexuellement à Norsan.
3. Enquête-renseignement: le public, en la mettant en garde contre celui-ci, agit sur son imagination et l'incite ainsi à s'intéresser à lui. Sitôt mariée et à l'abri de l'influence de sa mère (on voit qu'existe une

imbrication entre les unités narratives, puisque 1 s'accomplit au sein de 3), Célie se met en quête de Norsan. Les discours qu'elle tient constamment sur lui informent le monde et le séducteur de l'attraction qu'il exerce sur elle.

4. Déception-soumission: un acteur "x" organise une soirée afin de ménager une rencontre entre Célie et Norsan. Ignorante de cette conspiration, Célie se rend à la soirée. On s'arrange pour les mettre en présence l'un de l'autre, d'abord en public, puis en privé.

5a. Traîtrise: par trois fois, Norsan va procéder à une violation de "l'espace vital" de Célie, selon une gradation qui la conduira à sa chute définitive.

5b. Manque: après avoir séduit Célie, Norsan la quitte, lui dérobant l'objet estime (valeurs sociales) et l'objet réputation (valeurs mondaines).

L'analyse précédente entraîne plusieurs remarques:

(a). Il n'est pas certain que le récit de Célie soit véridique. La jeune femme peut, soit raconter la vérité, soit la camoufler en recourant aux unités que lui fournit, dans le magasin littéraire contemporain, une séquence canonique de séduction hypothétique. Il n'est pas certain par ailleurs que ce récit, même véridique, transmette une véritable information au Duc, puisque, conformément aux règles mondaines, Norsan a dû parler, comme l'ont d'ailleurs fait tous les autres amants de la jeune femme. On a cependant mis en valeur l'importance, au sein de ce dialogue, d'un "faire dire" qui s'opposerait à un "taire." Que le "narré" de Célie soit ou non absolument véridique importe peu au regard de l'activité de *narration* dans laquelle les manœuvres subtiles de Clerval l'incitent à s'engager.

(b). On remarquera que la phase traîtrise, où le traître est avant tout un public enquêteur et machinateur, doit elle-même s'analyser comme une phase aliénation complète, enchâssée dans la première et de niveau inférieur à elle. Le traître y est cette fois Norsan, agissant à la fois en son nom propre et en tant que représentant de ce public. Soit, 1 et 2 devant être mis en facteur commun, une séquence du type suivant:

3'. Enquête-renseignement: Norsan tente de s'assurer des dispositions de Célie. Il prend conscience de la nature de l'impression qu'il produit sur elle, et s'assure qu'elle est sous l'emprise d'un "moment donné par le caprice."

4'-5'. Déception-soumission-traîtrise: le déroulement de cette phase va s'effectuer par triplication d'une sous-séquence de base. Tout d'abord Norsan, après s'être assuré la complicité du cocher de Célie (déception-soumission), tente d'abuser d'elle dans le carrosse qui la ramène chez elle (traîtrise). Si la traîtrise n'aboutit pas pleinement, en ce sens qu'il est incapable de lui arracher les dernières faveurs, elle produit cependant des effets, dans la mesure où une telle intrusion constitue une violation effective et efficace de l'espace contractuel dans lequel s'ordonnent les rapports unissant la jeune femme et son domestique; elle comporte par ailleurs une violation de son espace physique, en tant qu'espace vital: environnement (l'enceinte privée du carrosse), et corps féminin, objet théorique du respect de l'homme. Cette sous-séquence débouche enfin sur le creusement d'un manque chez Célie.

Ensuite, et après s'etre gagné la complicité des domestiques de la jeune femme, Norsan assaille celle-ci, tout d'abord par la parole écrite—il lui fait parvenir des billets—puis en s'introduisant dans sa chambre à la faveur d'un déguisement. Après quoi elle s'abandonne à lui et perd du même coup sa propre estime (manque).

Enfin, après avoir passé un contrat avec la jeune femme, contrat sur la nature duquel elle voudrait se méprendre, il la quitte presque instantanément, conformément aux règles relatives au contrat de goût, lui dérobant à la fois sa propre estime et sa réputation—double manque qui vient clore à la fois la séquence 3'-5' et la séquence 1-5, et dont, ainsi que le fait peu charitablement remarquer le Duc, l'existence et la nature sont mises en lumière par le successeur qu'elle donne immédiatement à Norsan: "il est sûr que si l'idée . . . que sa propre désertion vous avait laissée de vous-même, a pu contribuer pour quelque chose à vous faire prendre Monsieur de Clèmes après lui . . ." (*Has.*, pp. 217-18).

(c). Le mariage, nécessaire selon les lois du dispositif narratif, fait problème: chronologiquement, il intervient entre l'enquête par le public et le renseignement. Célie ne se met en quête de Norsan qu'à partir du moment où elle est mariée: "à peine me vis-je ma maîtresse que mon premier soin fut de chercher ce même homme . . ." (*Has.*, p. 196). De fait, au niveau de l'enchaînement syntagmatique, il est concevable, tout au moins pour la femme "galante" qu'est Célie, d'inclure la fonction "mariage" dans la fonction proppienne de délivrance de renseignement: pour "certaines femmes," se marier équivaut à avouer une intention de violer les contrats de rang supé-

rieur à la loi desquels elles sont assujetties. La constation peut sembler paradoxale, mais on notera qu'elle est dans la logique propre à la thèse défendue
par Georges Bataille à propos de l'érotisme, et de l'idée que le mariage lui-
même relève de la zone de transgression, de l'interdit fondamental portant
sur toute activité sexuelle.[7]

(d). Quant au couple enquête-renseignement, on notera que son premier
terme est mené selon les modalités apparentes du récit et de la prohibition:
le public raconte les aventures de Norsan à Célie, en la mettant en garde
contre lui. Aucune question n'a été posée au niveau manifeste, et cependant
par sa conduite, en fait par ses questions mêmes, Célie émet une réponse
non ambiguë, telle la jeune Dercyle des *Lettres athéniennes*: "Dercyle est
vive, sensible, charmante, enfin, à tous égards, mais peut-être a-t-on besoin
d'être fait aux mœurs d'Athènes pour ne pas la trouver un peu courtisane.
N.B.: *si on ne lui dit rien, elle parle*" (*L.A.*, VI, 531; c'est nous qui soulignons).

(e). On doit enfin admettre que toute la séquence 1-5 justifie en même
temps une analyse au terme de laquelle elle apparaît comme une quête
manquée, au cours de laquelle Célie s'avère incapable de faire reconnaître
sa nature héroïque. Il ressort une fois de plus que séquence introductive
et quête (que constituent les trois épreuves successives dont nous allons
donner l'analyse succinte) sont dans un rapport étroit—rapport dans lequel
seuls les signes sont inversés, cette inversion de signes constituant en soi la
relation de base à partir de laquelle peuvent s'engendrer, par une récursi-
vité infinie, les récits: toute quête manquée constitue en même temps une
séquence introductive à un nouveau récit de quête, lequel à son tour, de
par le manque qu'il ouvre pour le vaincu (ou "traître" dans la terminologie
greimassienne), laisse le champ libre pour une quête subséquente.

Si donc on analyse cette séquence introductive type comme une séquence
"quête," les unités qui la constituent pourront se répartir ainsi que suit:

—1, 2 et 3 constitueront la sous-séquence aliénation, au terme de laquelle
apparaîtra le manque, soit ici la perte par Célie de sa tranquilité.

—4, 5 et 3' seront regroupés en une épreuve qualifiante. Une telle épreuve
a pour sanction la réception, par le héros, de l'adjuvant grâce auquel il
pourra, au terme de sa quête, réaliser sa jonction avec l'objet désiré. Or, ici
aucun adjuvant n'est transféré à Célie: d'une part, Norsan n'éprouve aucune
tendresse pour elle, et elle en est consciente; d'autre part, et bien qu'il soit

fort différent du "fantôme à qui elle s'était déjà rendue" (*Has.*, p. 196), il parvient à lui faire ressentir et manifester du goût pour lui (ce qui, en termes sémiologiques, pourrait s'analyser comme "réception de l'opposant").

—Les deux premières triplications des fonctions 4' et 5' s'analyseront comme une épreuve principale qui ne débouchera sur aucune liquidation du manque ressenti au terme de 3.

—Enfin, la troisième triplication de 4' et 5' apparaîtra comme une épreuve finale ou glorifiante manquée: Célie s'y voit refuser la qualité de héros et reçoit automatiquement—du public destinateur—celle de traître.

Aux trois échecs successifs de Célie correspondront les trois victoires du héros, tel qu'il se manifeste par ses propres actions ou celles de ses représentants. En effet, si Célie ne parvient pas à s'assurer de la tendresse de Norsan, celui-ci parvient au contraire à lui faire manifester le goût qu'elle a pour lui (épreuve qualifiante). D'autre part, alors que Célie est impuissante à préserver son espace physique et intérieur des agressions répétées de son séducteur, celui-ci finit par avoir raison de l'hypocrisie qui lui voile à elle-même les motifs de sa conduite, et à lui faire passer le contrat de goût qui seul intéresse réellement la jeune femme (épreuve principale). Enfin, aussitôt après avoir passé ce contrat, et conformément aux lois qui le régissent, il l'abandonne (goût "individuel") et narre le récit de sa séduction au public (goût "mondain"), épreuve glorifiante dont le succès assure la reconnaissance de son héroïsme. Et cet abandon a pour conséquences directes les défaites ultérieures de Célie, c'est-à-dire les ruptures multiples de ses liaisons, qu'elles soient attribuables à son inconstance propre, ou à celle de ses partenaires.

Il semble toutefois, au moment où s'engage l'action du dialogue, que sa liaison avec Prévanes ait mis un terme à ce processus et qu'elle ait pleinement réintégré la position que son aventure avec Norsan lui avait fait perdre aux yeux du monde. On se rappellera cependant qu'une telle réintégration suppose l'affrontement des trois épreuves consacrées, et ceci dans des conditions qui mettent en évidence l'authenticité tant des luttes soutenues que des victoires qui les couronnent. Il conviendra donc de procéder à une vérification sur ce point particulier. Cependant, avant de passer à l'examen des épreuves et des réintégrations possibles, et pour conclure cette section, on procédera à l'étude de deux dernières aliénations, cette fois au niveau du récit enchâssant lui-même, en fonction des contrats de niveau supérieur dont la violation a rendu ces aliénations possibles.

A.3. Les Aliénations à l'intérieur du récit enchâssant

On considérera tout d'abord celle qui affecte le Duc. Soit:

Absence: le Duc quitte l'intimité de la Marquise pour remplir ses fonctions et devoirs publics à Versailles. Cette fonction s'est réalisée antérieurement à l'ouverture proprement dite du dialogue, et les retrouvailles des deux amants dans le boudoir de Célie ne viennent pas y mettre un terme, puisqu'elles se déroulent dans un espace non pas "intime" (c'est-à-dire impliquant la solitude à deux), mais "mondain" (Célie reçoit).[8]

Prohibition: ainsi qu'on l'a vu au chapitre précédent, le Duc a droit à l'infidélité, mais non à l'inconstance. Sans qu'il soit fait atteinte au contrat de tendresse qui le lie à la Marquise, l'infidélité peut même s'accompagner de "politesses," lesquelles relèvent du langage essentiellement codé que pratiquent les adeptes de l'amour-goût. D'autre part, et dans le cadre de ce dernier contrat, le Duc doit mettre sa gloire à ne s'engager que volontairement. Jusqu'à présent, et ainsi qu'il l'avoue à la Marquise, Célie ne lui a jamais "plu" (*Has.*, p. 183).

Enquête-renseignement: la Marquise s'est absentée, laissant en présence le Duc et Célie. Célie, bien déterminée à faire la conquête de Clerval, ne parvient cependant à obtenir de lui un aveu quelconque, ni dans le champ de la tendresse ni dans celui du goût; elle est également impuissante à le convaincre de la tendresse qu'elle prétend avoir pour lui. Le Duc vient donc de remporter une victoire qui devrait faire obstacle à l'entrée en jeu des fonctions suivantes, soit:

Déception-soumission, traîtrise-manque: or, Clerval succombe, et l'on peut se demander qui doit être crédité de cette chute. Est-ce Célie elle-même? Sans doute Clerval est-il vaincu par le spectacle des charmes qu'elle découvre un peu trop généreusement. De fait, il résulte des informations fournies par un narrateur-éditeur cette fois ouvertement omniscient, que c'est précisément l'état d'indécision où se trouve la jeune femme sur la marche à suivre dans l'entreprise qu'elle s'est fixée, qui la rend oublieuse de la présence du Duc et l'incite à s'exposer un peu plus que de raison. On voit que Célie ne joue ici que le rôle d'adjuvant d'un traître qui révèle sa nature non humaine, non anthropomorphique, et n'est autre que le moment. Ce moment, selon Clerval, n'affectait que la femme; il le définissait comme

... une certaine disposition des sens aussi imprévue qu'elle est involontaire, qu'une femme peut voiler mais qui, si elle est aperçue ou sentie par quelqu'un

> qui aurait intérêt d'en profiter, la met dans le danger du monde le plus grand
> d'être un peu plus complaisante qu'elle ne croyait ni devoir ni pouvoir l'être.
> (*Has.*, p. 209)

Ce moment, on l'a vu, vient en aide au libertin, tout en sanctionnant l'imprudence de la femme. Mais s'il peut jouer le rôle d'opposant vis-à-vis de celle-ci dans la sphère du libertinage "réfléchi," c'est-à-dire fondé sur un projet, *Le Hasard* témoigne de ce qu'il peut remplir une fonction identique pour l'homme qui prétend régler sa conduite sexuelle sur le libre jeu de sa volonté propre:

> Quoique de la façon dont il a plu à Monsieur le Duc de parler sur le moment,
> il ait semblé vouloir qu'on ne le crût qu'à l'usage des femmes, il n'en sera pas
> moins vrai que les hommes sont, autant qu'elles, soumis à son empire. Soyons
> justes jusqu'au bout: que de raisons qu'il est bien inutile d'énoncer ici, pour
> qu'ils le soient bien davantage! (*Has.*, p. 259)

On doit d'ailleurs reconnaître dans cette manifestation du moment un phénomène en tout point similaire à la théorie de la fascination amoureuse telle que la définit Barthes dans ses *Fragments d'un discours amoureux*:

> Ce qui me fascine, me saisit, c'est l'image d'un corps en situation. Ce qui m'ex-
> cite, c'est une silhouette au travail, qui ne fait pas attention à moi ... ; plus l'au-
> tre me tend les signes de son occupation, de son indifférence (de mon absence),
> plus je suis sûr de le surprendre, comme si, pour tomber amoureux, il me fallait
> accomplir la formalité ancestrale du rapt, à savoir la surprise (je surprends l'au-
> tre, et par là même il me surprend: je ne m'attendais pas à le surprendre).[9]

Ainsi la théorie—et la pratique—du désir le moins désincarné rejoint-elle la théorie de l'*innamoramento* barthien. Ce n'est pas le regard de l'autre qui fait *prendre* mon désir, mais, contrairement à l'*innamoramento* pétrarquiste, l'absence, le détournement de son regard. C'est précisément à l'instant où Célie cesse de faire appel aux désirs du Duc que ceux-ci se manifestent dans toute leur intensité.

Il s'avère alors que si la phase enquête-renseignement correspondait à un échec de la part de Célie, elle constituait, en fait, une étape préliminaire rendant possible le triomphe du moment. Le héros classique est une fois de plus pulvérisé, et la phase considérée doit alors s'analyser comme relevant de la séquence déception-soumission: on a parlé d'amour en croyant—à tort—qu'on n'aura pas à le "faire" parce qu'on n'en a pas envie, alors que chez Crébillon le seul fait de parler, la seule situation d'interlocution concourt à susciter le surgissement du désir. Comme l'Almaïde et le Moclès du *Sopha*, et malgré toute la prudence dont il a fait preuve, le Duc doit succomber, et sa réaction violente autant qu'inattendue correspond à la fonction traîtrise. A ce stade du récit, Clerval a perdu au moins deux des trois attributs qui le constitueraient en héros libertin: le pouvoir et le vouloir faire. On notera qu'il ne s'agit pas ici de puissance sexuelle, car en tant qu'organisme physique, le Duc est bien évidemment doté d'un pouvoir, d'un vouloir et d'un savoir qui relèvent des attributs propres à l'espèce. A l'opposé, et dans le champ d'une conduite libertine en rapport étroit avec un projet de séduction initial, ces trois attributs s'assortissent de signes négatifs: le Duc n'était-il pas certain de ne pas vouloir de Célie (elle ne lui "plaisait" pas), et d'être, en toute hypothèse, imperméable à toutes les tentatives qu'elle pourrait faire sur une "vertu" à prendre ici au sens étymologique?

La double perte du vouloir et du pouvoir qui constitue la tentation accueillie, conduit à son tour à mettre en question l'efficacité du troisième attribut propre au libertin, le savoir-faire. Le Duc est tombé dans un piège, et la question est alors de voir si et comment il saura s'en dépêtrer.

Quant à Célie, on sait que le contrat non sexuel mondain qui la lie à la Marquise lui interdit de dérober à celle-ci ce qui lui appartient, et donc de porter atteinte aux contrats auxquels la Marquise pourrait elle-même être partie. Passer un contrat de goût pur avec le Duc ne constituerait pas en soi une violation de la susdite prohibition; de même, recevoir un message "codé" de tendresse de Clerval ne vaudrait pas non plus violation du contrat qui le lie à la Marquise. Encore faut-il que l'émission de ce message relève d'une décision librement prise par un émet*teur*[10] qui prendrait sur lui, conformément à l'étiquette libertine mondaine, de faire les premiers pas, et à condition, pour la réceptrice, d' "oublier" un tel message aussitôt après l'avoir reçu (cf. *Has.*, p. 254).

Or, c'est ce à quoi Célie ne saurait se résoudre. Elle a rendu possible l'occurrence du moment en faisant, contrairement à la loi, des premiers pas mal dissimulés; en second lieu, "naturellement imprudente," elle est incapable de garder le silence sur l'aveu de pure politesse que pourrait lui faire le Duc. Contrairement aux règles du jeu, elle refuse de reconnaître[11] la dissociation de rigueur entre être et paraître; elle refuse, en un mot, de reconnaître la toute-puissance du code, et ce refus se double—on le verra dans une section ultérieure de cette étude—d'une confusion parallèle entre sens propre et sens figuré des vocables, d'une méconnaissance de la nature et des fonctions des tropes rhétoriques.

Ainsi s'explique la requête burlesque que, "toute étourdie de l'audace de Mr. de Clerval," elle adresse à celui-ci après qu'il a cédé à "une situation

trop forte pour sa vertu": "Et vous ne m'aimez pas! Au moins, dites-moi
donc que vous m'aimez!" (*Has.*, p. 254). C'est cette requête même qui
constitue, de sa part, l'acte de traîtrise: elle porte atteinte à la souveraineté
de la loi contractuelle qui la lie à la Marquise, et vient créer un manque
auquel le Duc, victime du moment, a involontairement collaboré. Or, et
c'est là l'un des points les plus marquants du dialogue, le contrat d'amitié
mondaine, dont on connaît déjà la nature douteuse, doit continuer à produire ses effets. Le narrateur (pp. 254 et 255) fonde le "refus de politesse"
auquel s'obstine le Duc sur sa volonté d'en sauvegarder à tout prix l'existence, malgré la violation irrécusable dont Célie porte la responsabilité.
Décision étonnante, puisque, lorsqu'il s'agit de la sphère mondaine, rien
n'empêche d'y mettre, à tout moment, un terme définitif.

Il faut souligner ici que si, dans les luttes qui les opposent au cours de la
deuxième partie du dialogue, Célie et le Duc sont seuls en scène, ce dernier
n'en agira pas moins à deux titres différents. D'une part, en tant que libertin, il tentera de procéder aux réintégrations afférentes aux manques divers
dont il souffre. D'autre part, en tant que représentant de la Marquise, il
sera soucieux d'assurer le maintien d'un "contrat d'amitié" mondaine dont
sa défaite, face au moment, risque de compromettre la survie. Il agira donc
à la fois comme partie à un contrat donné (passé avec soi-même) et comme
"incarnation," support anthropomorphique d'un contrat, d'un système
auquel il n'a pas lui-même directement adhéré.

On rappellera d'autre part qu'en aucun cas la double chute de Célie et
de Clerval ne saurait porter atteinte à la souveraineté du contrat de tendresse liant ce dernier à la Marquise—le Duc reste ici fidèle à lui-même et
constant envers celle qu'il aime. Ce n'est donc que sur les deux terrains
précédemment délimités que la lutte va s'engager.

La question qui se pose alors, c'est de savoir pourquoi Clerval, en tant
que représentant de sa maîtresse, prend la décision de maintenir un contrat
que la mauvaise foi de Célie vient d'atteindre dans sa viabilité même. En
bref, y a-t-il quelque chose à gagner dans un tel maintien, et si oui, à qui
bénéficiera-t-il? Question fondamentale, à laquelle la suite de cette étude
donnera, nous l'espérons, une réponse satisfaisante.

Pour mettre un terme à la présente section, on notera que se précise de
plus en plus le fait que chaque acteur est le support d'instances diverses
de niveau plus profond et qui ne peuvent se définir qu'en termes abstraits.
L'approche sémiologique, avec sa distinction entre "acteurs" et "actants,"
apparaît alors comme un rejeton indéniable du système mis en place par
La Rochefoucauld, et dont Crébillon est un héritier direct. Et par delà La
Rochefoucauld, le lien de parenté s'étend jusqu'au système dégagé par Aristote lui-même, tant dans le domaine de la logique que dans celui de la conception globale de l'univers physique. C'est ainsi que le "moment," acteur

non humain, et opposé à la conjonction antinomique entre le corps et l'esprit propre aux acteurs humains, nous semble correspondre au principe moteur tel que le définit Aristote. Le *moment* est lui-même un système, consistant en la co-présence, la "disposition"[12] en un lieu clos de deux organismes désirants complémentaires, dont il contribue à révéler la vérité par l'intermédiaire d'une mise en *mouvement* radicale.

Le moment contribue à mettre en échec les systèmes qui en entravent le surgissement, et à dégager la présence d'un système sous-jacent et omnipotent; concurremment, et à l'opposé, il est lui-même mis en branle par les systèmes dont sa manifestation constitue un démenti. Instant d'une mort du sujet classique, en tant que titulaire d'une volonté efficace à lui-même et au "monde" du discours,[13] il fait soudainement passer l'individu du côté de l'acte pur, et conséquemment, de l'univocité du sens. Mais, ainsi qu'on le verra, cette irruption soudaine de la nature dans le champ d'une culture qu'elle semble mettre en échec, a été, en fait, provoquée par cette dernière en même temps qu'elle contribuera bien vite à en assurer la continuation.

Ce qu'on peut d'ailleurs se demander, c'est si, contrairement au Duc, dont l'autonomie par rapport au moment semble assez grande, Célie n'est pas, elle, perpétuellement "comprise," "enserrée" dans un moment qui aurait ainsi les caractéristiques d'une sorte d'*aura* qu'elle transporterait en tous lieux, et en toutes circonstances: la distinction entre le caractère "journalier" du moment dû au goût et la permanence du moment dû à la tendresse, s'avérerait, en dépit des distinctions savantes des "grands libertins," comme parfaitement illusoire.

Si le Duc passe à l'action, ce n'est pas, comme on l'a vu, parce que Célie elle-même l'a vaincu, victoire qui donnerait alors à la jeune femme la possibilité de mettre un terme à ses aliénations par une séquence quête dont les termes, symétriques à ceux de la séquence l'ayant opposée à Norsan, seraient en même temps affectés de signes opposés. Pas plus qu'au cours de cette séquence, le déroulement des événements ne résulte de l'exercice de sa volonté efficace. Pour elle, tout est moment, ou, plus exactement, la durée dans laquelle se déroule son existence n'est qu'apparente, constituée qu'elle est de moments à la fois successifs et d'intensité égale (ses liaisons), concentriques et d'intensité progressive (les circonstances de ses chutes); car chaque chute la rapproche davantage de ce centre où s'abrite son moi authentique.

De fait, au niveau des rapports interindividuels, son aventure avec le Duc, laquelle constitue le récit enchâssant du *Hasard*, n'est qu'une duplication fidèle de son aventure avec Norsan, enchâssée au sein du dialogue principal. Bien plus, elle en reproduit pas à pas l'ordre et le contenu des séquences, en une mise en abyme exemplaire:

Soit: *EN* = récit enchâssant; *en* = récit enchâssé:

—Une conversation mondaine avec, en *EN* la Marquise et en *en* le public, ayant excité son imagination et son ambition, Célie décide de faire la conquête d'un libertin, tout particulièrement de celui dont elle ne peut attendre qu'un goût passager. De plus, l'objet de son désir lui est normalement interdit, en vertu des prohibitions attachées à un contrat de rang supérieur.

Soit: *EN* = "amitié"; *en* = "contrat social":

—En présence de ce libertin, d'abord dans le cadre d'une situation mondaine, puis en privé, elle ne peut l'abuser sur la nature de son intérêt sans que lui-même cherche à la tromper sur ses propres dispositions: *EN*: indifférence; *en*: goût. Il n'y a donc pas d'épreuve qualifiante.

—Le moment exerce son empire, et Célie échoue dans sa tentative de conquête. Le contrat de goût emportant ses effets normaux, elle est quittée et prend immédiatement un nouvel amant. Clèmes en *en*, Bourville en *EN* (le "mérite" indéniable du second par rapport au premier n'entrant plus ici en ligne de compte). En l'absence d'épreuve principale ou d'épreuve glorifiante, la nouvelle quête se clôt par un échec et, en termes sémiotiques, cet échec constitue du même coup, ou plutôt assoit encore plus fermement Célie dans, sa position de traître.


Quels sont donc les héros véritables du dialogue? Dans quelles conditions vont-ils s'acquérir ce statut? C'est ce qu'on dégagera dans les sections qui vont suivre, où l'on s'attachera à l'analyse des éléments constitutifs du récit de quête telle qu'elle résulte des travaux de Propp et Greimas. On passera ainsi en revue les épreuves proprement dites, l'absence du héros, les réintégrations finales, enfin les rapports logiques qui s'établissent entre les épreuves et leurs conséquences. Cette analyse permettra en même temps de déterminer si, et dans quelle mesure, le système utilisé continuera à trouver pleine application dans le type de discours auquel est consacrée la première partie de la présente étude: le récit-dialogue "libertin."


### B.1. Les Epreuves: La Marquise

Il s'agit ici de déterminer dans quelle mesure son trajet narratif répond au schéma triparti dégagé par Greimas.

On soulignera tout d'abord que dans la première partie du dialogue, c'est-à-dire avant son départ, la Marquise livre plusieurs luttes:

—La première, de nature didactique, l'a opposée à Célie et s'est close par un match nul, aucune des deux adversaires n'étant parvenue à convaincre l'autre.

—La seconde l'a opposée, victorieusement, au Duc, à qui elle a feint de reprocher le retard qu'il aurait mis à la rejoindre.

—Dans la troisième lutte, qui l'a opposée une fois de plus au Duc, elle a remporté une double victoire, en convainquant celui-ci tout à la fois de rester avec Célie et de la laisser se rendre au chevet de sa mère malade.

Les deux premières luttes sont de fait étroitement liées l'une à l'autre, puisque la deuxième constitue l'illustration du bien-fondé des théories et principes dont la Marquise s'est faite le champion dans la première, dont elle est la conséquence non c. La seconde lutte présente d'autre part la particularité d'être lutte spectaculaire; la Marquise ne l'engage que parce qu'elle y trouve l'occasion de prouver à un tiers le pouvoir qu'elle exerce sur son amant. Ce tiers, c'est Célie, à la fois en tant que public, mais aussi, ainsi que la suite du dialogue le démontrera, traître virtuel. "Voulez-vous que je le gronde d'être arrivé si tard? Vous verrez un homme bien embarrassé. Il est tout à fait plaisant quand il croit m'avoir donné de l'humeur" (*Has.*, p. 166). A cette invitation *à voir* que double une interdiction tacite de toucher, répondent les pleurs de Célie: "la seule félicité qui puisse me rester au monde est le spectacle de la vôtre. Puisse-t-elle être aussi durable que vous le méritez" (*Has.*, p. 166).

Outre sa nature spectaculaire, cette lutte est par ailleurs une lutte déguisée, puisque son objet apparent dissimule l'enjeu véritable: la Marquise reproche au Duc un retard dont elle sait qu'il n'est pas responsable; elle feint de rejeter ses excuses pour mieux lui révéler la nature précise de la joute qu'elle vient d'engager contre lui:

LE DUC—. . . . eussé-je même, en cette occasion, autant de torts que j'en ai peu, ne me trouveriez-vous pas suffisamment puni?
LA MARQUISE, *en lui tendant la main*—. Oui, Duc et trop même de la peur.

(*Has.*, p. 170)

Le pardon accordé est sans fondement réel: il n'y a rien à pardonner. Mais il manifeste l'existence d'un rapport de forces, et affirme la situation de créditeur qu'occupe la Marquise face au Duc. Remettre une dette (par-donner), même inexistante, c'est en même temps affirmer son pouvoir sur son co-contractant en sous-entendant l'existence d'une dette possible. On voit alors dans quelle mesure, mais dans quelle mesure seulement, la relation Duc-Marquise reproduit les traits fondamentaux de celle qui (dans *Le Sopha*) unit Phénime et Zulma: s'il y a don ici, c'est un don non pas "présenté" en secret, mais re-présenté, en ce sens qu'il est copie spectaculaire (d'une authenticité difficile à dégager) du modèle idéal.

On peut considérer que l'ensemble constitué par les deux premières luttes de la Marquise correspond à l'épreuve qualifiante dont on sait qu'elle a pour conséquence non c la réception d'un adjuvant: celui-ci s'analyse en la réception d'un pouvoir faire, "objet-vigueur," "compensation de la privation d'énergie héroïque que représente la soumission" initiale.[1] D'ailleurs, le fait que de ces deux luttes la première ait une portée didactique et la seconde soit déguisée, vient confirmer la constation suivante de Greimas: "Quant à la première épreuve, dont la conséquence est la qualification du héros pour les épreuves décisives, elle ne présente par son F qu'une *lutte simulée,* c'est-à-dire symbolique, *où le destinateur joue le rôle de l'opposant.*"[2] On remarquera que dans une isotopie fondée sur le couple présence /absence, c'est une absence physique prolongée—celle du Duc—qui permet à la Marquise de procéder, sur le mode du paraître, à un retrait-absence de nature affective, où elle joue le rôle d'un destinateur-juge temporairement impitoyable; cette position représentée correspond en fait, au niveau du paraître pur, à celle qu'occupe le Duc au niveau d'un être virtuel: il dépend en effet de celui-ci, que la Marquise conserve ou non l'objet estime. Enfin, le don a pour conséquence un retour au mode de la présence, à l'accord réalisé entre les deux amants.

On notera d'autre part que, dans le cadre d'une causalité en rapport direct avec l'antériorité, ce qui permet à la Marquise d'affirmer son pouvoir faire, c'est tout d'abord le *temps,* à la fois analysé comme temps météorologique—le froid et l'état des routes, qui rendent la circulation quasiment impossible—et comme temps durée—le retard du Duc, le temps passé à l'attendre—conséquence du premier: point sur lequel nous reviendrons plus à loisir dans la partie suivante.

Si la présence de l'élément de contrat A, nécessaire, on l'a vu, pour constituer en épreuve une lutte F et sa conséquence non c, ne peut être constatée qu'implicitement pour l'ensemble formé par les deux premières luttes, elle est au contraire explicitement marquée pour la troisième. Soit:

Injonction: La Tour, domestique de Célie, remet à la Marquise une lettre lui annonçant l'aggravation de l'état de sa mère.
Acceptation: la Marquise décide de se rendre immédiatement au chevet de sa mère.

Dans la lutte qui suit, la Marquise a pour adversaire le Duc, agissant au nom des valeurs individuelles liées à la tendresse. Sa victoire a pour conséquence non c la réception de l'objet estime dont le destinateur est ici le Duc lui-même, à la fois amant et représentant du monde "social." La séquence s'analyse donc comme emportant liquidation du manque, en tant que celui-ci constitue un risque de perte que la réintégration vient atténuer (car nous sommes, rappelons-le, dans la sphère mondaine, où rien n'est définitivement acquis). On doit donc admettre que cette séquence correspond à l'épreuve principale, où s'effectue le "transfert de l'objet du désir, qui correspondrait, par conséquent, à la modalité du vouloir."[3]

Mais en laissant son amant seul avec Célie, la Marquise rend possible—en fait, inévitable—le surgissement du moment. Il semble qu'en accordant son estime à la Marquise, le Duc se soit lui-même dépouillé d'un objet-valeur fondamental[4] dont la perte lui ferait courir, à son tour, le risque du ridicule, contrepartie masculine et libertine du mépris accordé à la femme galante dans l'optique mondaine-sociale. On verra comment le Duc se mettra à l'abri d'un tel risque et dans quelles conditions, ayant succombé au moment ("ils sont libertins, tout les tente"), il reviendra à la Marquise ("mais tout ne les soumet point," *Has.*, p. 164).

Ce retour constitue la reconnaissance qui, pour Greimas, est la conséquence de la troisième épreuve. En revenant à la Marquise, le Duc confirme que celle-ci est en position de héros; ce retour, "objet-message, clef de la connaissance et de la reconnaissance," constitue bien "une formulation, sur le plan de la connaissance mythique, de la modalité du savoir."[5]

On retrouve ici la relation à la fois dialectique et paradoxale qui s'est déjà établie entre absence et présence: c'est en s'absentant physiquement (procès actuel) que la Marquise se met en mesure de retrouver (procès virtuel) le Duc, et c'est en acceptant l'éloignement de sa maîtresse que Clerval pourra enfin lui revenir. On s'aperçoit alors que l'épreuve glorifiante correspond à toute la section du dialogue qui, postérieurement au départ de la Marquise, mettra en présence le Duc et Célie. Le mandement et l'acceptation qui, dans le cadre de l'épreuve glorifiante, portent sur l'accomplissement d'une tâche, se manifestent ici à la fois comme portant sur un tel accomplissement sur le plan social—la Marquise rend visite à sa mère—et comme mandement et acceptation de courir un risque, si minime soit-il, sur le plan mondain; et courir ce risque, c'est se mettre en mesure d'éliminer temporairement celui en quoi consiste l'aliénation originelle.

Ainsi l'épreuve glorifiante va-t-elle se dérouler en l'absence de la Marquise, et par personnes interposées. Bien plus, arrivé à ce stade du raisonnement, on doit dire que c'est l'absence même de la Marquise qui constitue l'épreuve glorifiante, et l'affirmation de la suprématie du complexe constance-tendresse-estime sur le complexe (in)fidélité-goût-mépris.

*Remarque.* On pourrait aussi analyser l'ensemble formé par les deux dernières épreuves comme les deux phases successives—formation et exécution

—d'un contrat aux termes duquel la Marquise, ayant reçu l'objet estime du Duc, et donc l'assurance de sa constance, lui permettait, en contrepartie, de lui être infidèle. A un niveau purement objectif, son départ rend matériellement possible la succession des événements subséquents; bien plus, l'ambiguïté de ses ultimes paroles laisse planer le doute sur ses motivations: s'agit-il ici de l'acceptation passive d'un risque, ou de la mise en place, volontaire et réfléchie, d'une situation dont elle sait quels doivent être les résultats?

Mais adieu, laissez-moi partir, passez chez moi tantôt, j'y serai, selon toute apparence, rentrée longtemps avant que vous puissiez y arriver; mais je vous y attendrai sans humeur, parce que je sais bien que, de la façon dont les choses se sont arrangées, vous ne sauriez, aussitôt que vous le voudriez, quitter Célie. (*Has.*, p. 187)

Cette reconnaissance d'un retard prévisible et dû à des circonstances insurmontables répond aux reproches feints que la Marquise a précédemment infligés au Duc sur un retard dont il n'était pas responsable. Elle constitue en même temps la transmission d'un *quitus* anticipé, accordé au terme de la lutte qui vient d'opposer les deux adversaires au sein de l'épreuve principale. Le *quitus* a pour objet une durée non spécifiée, un temps d'action dont le contenu—les activités qui le rempliront—n'est jamais directement explicité.

Leur conversation-lutte a mis le Duc et la Marquise au fait de ce à quoi on peut s'attendre de la part de Célie; elle a révélé l'état de disponibilité dans lequel l'a laissé la mort de son dernier amant. Célie ne saurait être constante, surtout pas à un mort. C'est ainsi qu'au terme de l'entretien, l'exclamation de la Marquise, qui l'avait ouvert, revêt rétroactivement une signification ambiguë: "Le grand malheur de passer quelques heures en tête-à-tête avec une jolie femme, et d'être sûr qu'on ne sera pas interrompu!" (*Has.*, p. 178). On rappellera que cette sécurité, qui résulte apparemment de l'ordre donné par Célie d'interdire sa porte à tous autres visiteurs que le Duc et la Marquise, est une fois de plus due au temps, à la fois comme climat et comme durée, ainsi que le valet La Tour le fait remarquer à sa maîtresse:

LA TOUR—. Cet ordre sera, je crois, fort inutile; et à l'heure qu'il est, Madame n'a pas de visite à craindre.
CELIE—. A l'heure qu'il est!
LA TOUR—. Oui, Madame, à cause du temps qu'il fait.
CELIE—. Que vous êtes impatientants, vous autres, avec vos raisons! Les importuns ne marchent-ils point par tous les temps?

(*Has.*, p. 167)

Une fois encore, Célie est trahie par sa domesticité. C'est La Tour qui, conformément à ses fonctions, annonce le Duc (p. 166) et transmet à la

Marquise la lettre qui va précipiter son départ. Bien plus, la réflexion citée ci-dessus met en évidence la vanité des efforts que Célie pourrait tenter pour affirmer son autonomie en tant que sujet agissant: le temps et l'heure ont la primauté sur son pouvoir, vouloir et savoir faire. Et si le Duc reste avec elle, ce n'est pas qu'elle ait été en mesure de l'y obliger, mais uniquement parce qu'il s'incline devant les "bienséances" et les "devoirs" (p. 168) dont la Marquise s'est faite le champion.

Apparaît alors, une fois de plus, la nature paradoxale du moment crébillonien, puisqu'il est mis en place à la fois par les lois naturelles, physiques, telles que celles qui régissent les climats dans la sphère du macrocosme et les humeurs dans celle du microcosme, et, opposées aux premières, l'acceptation volontaire et raisonnée par deux des trois protagonistes, de l'empire des lois relevant des sphères sociale et mondaine "supérieure": la Marquise part, le Duc reste.

## B.2. Les Epreuves: Le Duc

On rappellera qu'il doit, pour être reconnu en tant que héros, procéder à une quadruple réintégration:

(a) par rapport à la liaison trompeuse dans laquelle, ayant pris pour de la tendresse ce qui n'était que du goût, il s'est engagé avec Madame d'Olbray, sa première maîtresse;

(b) par rapport au temps qu'il a perdu à rompre "dans les formes" réservées à la tendresse avec une femme qu'il avait prise par simple goût;

(c) au niveau du récit enchâssant, par sa reddition à la puissance d'un moment qui *oblige* non seulement à faire, mais à *vouloir*, et transforme ainsi l'individu en oxymoron humain;

(d) enfin, et alors que dans les trois premiers cas il doit agir en son nom propre, il lui faut de plus agir en tant que défenseur de l'intégrité du contrat mondain non sexuel qui unit Célie et la Marquise; représentant de sa maîtresse, le Duc va s'efforcer d'écarter le risque de mort du contrat considéré.

Ici encore, la réintégration par rapport aux valeurs contractuelles sociales —c'est-à-dire la reconquête de la sécurité perdue—n'entre pas en ligne de compte; le risque d'une aliénation au plan des valeurs individuelles relatives à la tendresse est par ailleurs inexistant, puisque la lucidité dont le Duc fait preuve vis-à-vis de lui-même et de Célie le met à l'abri de tout risque d'inconstance. La lutte va donc s'engager uniquement dans les deux isotopies libertine et mondaine "supérieure," ou encore dans celle de la gloire masculine en tant qu'elle s'oppose au ridicule, et de l'estime féminine en tant qu'elle s'oppose au mépris.

L'épreuve qualifiante aura ici pour contenu l'obstination avec laquelle le Duc remplace la "politesse" par "l'insolence." Son refus de proférer tout aveu d'amour, même sur le mode du paraître, relève en fait des raisons exposées dans le premier chapitre de cette étude.

"Comme profération, *je-t-aime* est du côté de la dépense."[6] Dépense dangereuse, puisque Célie, non contente de "se l'entendre dire," comme le Meilcour des *Egarements,*[7] s'empressera de le répéter à qui veut l'entendre. Dans cette épreuve, le couple affrontement-réussite se manifeste par la décision, couronnée de succès, que prend le Duc de soumettre Célie à une nouvelle agression, cette fois pleinement préméditée, et ceci bien que, n'étant plus sous l'emprise du moment, son désir pour elle soit fort affaibli. Laissons parler le narrateur-éditeur:

> Mais, dira-t-on, si ce triomphe l'intéresse si peu, pourquoi le chercher? Est-ce pour avoir avec Célie un tort de plus? Tout au contraire, c'est pour que ce soit elle qui en ait un de plus avec elle-même. (*Has.,* p. 258)

Le Duc a refusé l'aveu, cette "forme amoureuse de l'hommage à l'objet" qui, selon Deleuze, consiste à "rendre à l'aimé ce qu'on croit lui appartenir."[8] Bien plus, ce refus même le met en mesure de rendre évidente la situation de débitrice de la jeune femme. D'autre part, et dans une perspective strictement sémiotique, sa victoire lui permet de procéder à une réintégration quant au pouvoir, puisque mettre Célie dans son tort, c'est du même coup restreindre la marge d'action de celle-ci, puisque d'autre part, si se livrer à une activité sexuelle hors de tout besoin physique peut s'analyser comme un authentique "triomphe de la volonté," c'est encore plus une preuve exemplaire de puissance physique et mentale.

L'épreuve principale va maintenant permettre au Duc de procéder à une réintégration par rapport au vouloir de liquider le manque, en obtenant de Célie un aveu non équivoque sur la nature du contrat qu'elle a passé avec lui, c'est-à-dire non seulement en l'obligeant à éprouver du plaisir, mais encore à le manifester. De sorte que "après un long combat Célie est forcée, non de s'avouer vaincue, mais de prouver qu'elle l'est" (*Has.,* p. 263).[9] On notera que la réception de l'adjuvant et la liquidation du manque, portant respectivement sur le pouvoir et le vouloir, correspondent également aux phases constitutives de toute passation de contrat: après avoir amené Célie à prendre conscience de la nature du contrat dans lequel elle s'est imprudemment engagée, le Duc la contraint à exprimer l'acceptation qu'elle y a, en fait, déjà donnée.

L'épreuve glorifiante permettra enfin au Duc de faire produire ses effets normaux au contrat litigieux, et ce dans les délais les plus brefs. Non seulement il est confirmé qu'il n'aura pas à quitter la Marquise, non seulement il n'aura pas à faire la dépense inutile et même dangereuse d'un aveu, mais il procède de telle manière, et par l'intermédiaire de plusieurs contrats feints et/ou déguisés, que c'est Célie elle-même qui en vient à envisager de le quitter, dans un proche avenir, pour Bourville, nouveau candidat à ses faveurs et sur lequel elle avait des vues dès avant la mort de Prévanes: suprême témoignage de l'art de rompre!

On remarquera que les réintégrations auxquelles procède le Duc ne sont pas intégrales. En effet, si ses trois triomphes successifs lui permettent de procéder à des réintégrations successives par rapport aux aliénations a et b, d'une part, et d de l'autre, une ultime aliénation subsiste: ayant été obligé à ressentir du goût et à agir en conséquence, le Duc ne peut, postérieurement au moment, agir et contracter que dans les limites que celui-ci lui impose. En d'autres termes, la raison, la volonté ont finalement une efficacité aussi limitée dans la zone libertine que dans la sphère sociale: il est des chutes dont on ne se relève pas complètement, et c'est ce résidu, ce manque, que seule la transmission de Célie à un autre partenaire masculin pourra, là encore, momentanément combler. On voit enfin que s'étant défait de ce qu'il détenait à titre précaire au profit de la Marquise (le don d'estime), le Duc, momentanément mis à découvert, n'a pu que succomber au ridicule dans lequel l'a plongé sa soumission au moment. Il ne peut à son tour réintégrer l'équilibre perdu qu'en privant Célie de l'objet estime que, dans tous les cas, elle détenait indûment: car elle est de celles qu'on "prend" et qu'on ne "garde" pas. Mais, là encore, il y a une faille, puisque cette estime est de mauvais aloi. On voit alors à quel point l'équilibre est précaire: que cesse le mouvement, que Célie s'immobilise, et tout le système tombe. D'où l'importance, sur laquelle on reviendra plus en détail, d'un moment qui va intervenir pour combler fugacement les failles qu'il a suscitées, la faille que lui-même, en fait, constitue.

## B.3. Les Epreuves: Célie

Dans le combat qui l'a opposée au Duc, Célie a répété de point en point la succession de séquences qui l'avaient assujettie aux aliénations initiales. Ici encore, l'échec de la quête aboutit à la constitution d'un manque, et chaque échec à l'une des épreuves principales peut s'analyser également en fonction de la séquence initiale type dont on a rendu compte plus haut. Soit:

1. La Marquise s'assure des dispositions de Célie, qu'elle amène à s'intéresser au Duc.[10] Célie reste seule avec lui, après avoir fait fermer sa porte à tous autres visiteurs: cette séquence peut s'analyser à la fois comme relevant du couple enquête-renseignement dans le cadre de la séquence-initiale type, et comme une épreuve qualifiante "non passée"—puisque ce sont le temps et le départ de la Marquise qui favorisent l'intimité subséquente entre le Duc et la jeune femme.

2. Célie tente d'amener le Duc à manifester des dispositions à son égard, conformément aux lois de l'étiquette mondaine libertine. S'étant découverte mal à propos, elle subit l'assaut involontaire de Clerval. Ici encore, une double interprétation est possible, car on est en présence aussi bien d'une soumission-déception (Célie est victime de son appréciation inexacte des données du problème qu'elle s'est assigné), que d'une épreuve principale non couronnée de succès, et donc non assortie de liquidation de manque.

3. Enfin, la dernière phase qui, pour le Duc, correspond à celle de la réintégration, est pour Célie soit une épreuve glorifiante manquée et non suivie de reconnaissance, soit encore la sous-séquence traîtrise-manque.

On doit ajouter que si, dans l'interprétation "quête," l'échec de Célie fait d'elle le traître par rapport au Duc et à la Marquise, dans l'optique "manque," où Célie est la victime, le traître n'est en aucun cas le Duc agissant en son nom propre—c'est malgré lui qu'il se jette sur Célie—mais encore une fois un moment qu'a rendu possible l'intervention d'acteurs aussi dissemblables que le temps, la Marquise, et les instances dont, dans la tradition inaugurée par La Rochefoucauld, se compose la psyché de Célie elle-même: vanité, imagination, refus d'accepter une autre loi que celle de sa propre fantaisie.

Le tableau qui va suivre propose, en ce point de la présente analyse, un schéma général des séquences narratives ainsi que des conditions selon lesquelles elles s'articulent et s'enchaînent les unes aux autres. Ce schéma prendra en considération les divers parcours effectués par chacun des acteurs et permettra de mettre en relief la nature véritablement polyphonique de la partition crébillonienne:

1. La partie de gauche du tableau correspond aux fonctions essentielles dont la succession compose l'histoire—et le récit lui-même.

2. La partie de droite regroupe les parcours des divers acteurs en fonction des isotopies contractuelles qui semblent les plus pertinentes. Soit:

       —Duc: 1. isotopie contractuelle "sociale"
            2. isotopie contractuelle "libertine"
            3. isotopie contractuelle de représentation, en relation avec

le contrat de tendresse le liant à la Marquise, et le contrat
non sexuel existant entre celle-ci et Célie
—Marquise: 4. isotopie contractuelle "sociale"
      5. isotopie contractuelle "tendresse" (permise par le monde,
        aux conditions que l'on sait)
—Célie: 6. isotopie contractuelle "sociale"
      7. isotopie aliénation par rapport aux valeurs mondaines
      8. isotopie des valeurs individuelles: goût, opposé à la loi
        contractuelle mondaine en tant qu'elle régit les contrats
        à objet non sexuel: contrat Célie-Marquise

Remarques préliminaires:

—4 et 6 sont là pour mémoire, aucune réintégration n'étant ici possible.
—8 est le parcours de la quête manquée. D'où le recours au symbole NON,
  référant dans tous les cas aux échecs qui jalonnent, d'un bout à l'autre,
  ce parcours particulier.
—non c (et son contradictoire NON non c) est, chez Greimas, le symbole correspondant à la conséquence d'une épreuve donnée. Lorsque le manque
  de place l'exige, il est abrégé en n c (et son contradictoire en N n̄ c).
—C et C̄, dans le parcours 7, symbolisent réintégration, et aliénation finale
  (cf., pour plus de détails, la section D du présent chapitre).
—|*****| symbolise les diverses séquences aliénation.

| | DUC | | | MAR-QUISE | | CELIE | | |
|---|---|---|---|---|---|---|---|---|
| | 1 | 2 | 3 | 4 | 5 | 6 | 7 | 8 |
| Madame d'Olbray trompe le Duc sur | * * | * * | | | | | | |
| la nature du contrat sexuel qu'elle | * * | * * | | | | | | |
| passe avec lui. | * * | * * | | | | | | |
| Le Duc doit rompre un contrat de | * * | * * | | | | | | |
| goût selon les modalités réservées | * * | * * | | | | | | |
| à la tendresse. | * * | * * | | | | | | |
| | * * | * * | | | | | | |
| Le monde et Norsan, son représen- | | | | * * | * * | | | |
| tant, incitent Célie à passer un con- | | | | * * | * * | | | |
| trat de goût avec Norsan, qui la | | | | * * | * * | | | |
| quitte. | | | | * * | * * | | | |
| Célie passe plusieurs contrats de | | | | * * | * * | | | |
| goût successifs. Elle quitte ses | | | | | | | | |
| divers amants. | | | | | | | | |
| Célie se lie avec Prévanes, qui meurt | | | | | | | | |
| après l'avoir soignée au cours d'une | | | | | | | | |
| maladie dangereuse. | | | | | | | C | |

|  | 1 | 2 | 3 | 4 | 5 | 6 | 7 | 8 |
|---|---|---|---|---|---|---|---|---|
| La Marquise passe un contrat non sexuel avec Célie. |  |  |  |  |  |  | p |  |
| La Marquise passe un contrat de tendresse avec le Duc. | * * |  |  | * * | * * |  | a |  |
| «««««««««««««««««««««««««« Le Duc quitte l'intimité de la Marquise. | * * |  |  | * * | * * |  | r |  |
| Célie reçoit. |  |  |  |  |  |  | a |  |
| La Marquise se rend chez Célie. |  |  |  |  |  |  | î |  |
| La Marquise et Célie engagent une lutte à objet didactique, illustrée d'exemples tirés de leur expérience personnelle: échange de renseignements. |  |  |  |  |  |  | *e* *n* *q* *u* *ê* *t* | (t) r e * * * * |
| Le Duc arrive chez Célie. |  |  |  |  |  |  | *e* |  |
| Célie décide de fermer sa porte à tous autres visiteurs. |  |  |  |  |  |  | */* *r* | NON EQ |
| La Marquise est victorieuse du Duc, au terme d'une lutte déguisée. |  |  |  |  | E Q |  | *e* *n* *s* | + |
| La Tour apporte une lettre de la mère de la Marquise. |  |  |  |  | n o |  | *e* *i* | N n c |
| Célie sort/ou: le Duc et la Marquise sortent (cf. 2e partie, ch. 1) |  |  |  |  | n | c | *g* *n* *-* |  |
| Le Duc et la Marquise échangent des renseignements sur Célie. |  |  |  |  |  |  | *D* *E* *C* |  |
| La Marquise remporte une double victoire sur le Duc: respect des devoirs "sociaux" et mondains. |  |  |  |  | E P + |  | *E* *P* *T* |  |
| La Marquise part, raccompagnée par le Duc. |  |  |  |  | n c |  | *I* *O* *N* |  |
| Le Duc rentre dans le boudoir de Célie. |  |  |  |  | E P R |  | */* *S* *O* | N O N |
| Luttes successives et/ou enchâssées entre le Duc et Célie. Objet: possibilité de passer un contrat sexuel de goût (être) selon les modalités réservées à la tendresse (paraître). |  |  |  |  | E U V E |  | *U* *M* *I* |  |
| Echec de Célie et victoire du Duc, qui refuse de se déclarer. |  |  |  |  | G L O |  | *S* *S* *I* | E P |
| Célie quitte sa chaise longue. |  |  |  |  | R |  | * * |  |
| Le Duc la conduit jusqu'au fauteuil précédemment occupé par la Marquise. Echange de regards. |  |  |  |  | I F I A |  | * * |  |
| Célie se découvre involontairement. | * * * * |  |  |  | N - |  | * * *-* | - |

| | 1 | 2 | 3 | 4 | 5 | 6 | 7 | 8 |
|---|---|---|---|---|---|---|---|---|
| Le Duc (et Célie) succombent au | | * * | | | T | | * * | N |
| moment. | | * * | | | E | | * * | O |
| Célie demande de la "politesse" | | * * | * * | | | | * * | N |
| au Duc, qui ne lui délivre que des | | * * | * * | | | | * * | |
| réponses évasives. | | * * | * * | | | | * * | n |
| Célie se dérobe au Duc. | | * * | * * | | | | * * | o |
| Tous deux quittent le fauteuil. | | * * | * * | | | | * * | n |
| | | * * | * * | | | | * * | |
| Mutisme des deux partenaires- | | * * | * * | | | | * * | c |
| adversaires. | | * * | * * | | | | *T* | |
| Immobilité de Clerval, mobilité de | | * * | * * | | | | *R* | |
| Célie, qui arpente le boudoir. | | * * | * * | | | | *A* | |
| | | * * | * * | | | | *I* | |
| | | * * | * * | | | | *T* | |
| | | | | | | | *R* | |
| Le Duc saisit Célie, l'entraîne sur | | E | E | | | | *I* | N |
| sa chaise longue et fait preuve | | | | | | | *S* | O |
| d'autorité. Confirmation du "refus | | Q | Q | | | | *E* | N |
| de politesse." | | | | | | | * * | |
| Le Duc contraint Célie à prouver | | E | E | | | | * * | E |
| qu'elle n'a que du goût pour lui. | | P | P | | | | * * | G |
| | | | | | | | * * | |
| | | | | | | | * * | N |
| Il amène Célie à le quitter de son | | E | E | | | | * * | n |
| propre gré, et pour quelqu'un | | G | G | | | | *C* | c |
| d'autre. | | | | | | | * * | |
| Le Duc retrouve l'intimité de la | | | | | n | | | |
| Marquise. | | | | | c | | | |

### C. L'Absence du héros: Les déplacements

Nous avons consacré notre attention aux divers syntagmes narratifs relevant de l'épreuve, point culminant de la distribution des fonctions dans le récit en tant qu'elle est le lieu du combat où s'opposent le héros et le traître. Dégageons à présent dans quelle mesure les trajets narratifs déjà délimités révèlent leur obédience aux règles de la sémiotique narrative et discursive dans le champ des déplacements du héros. Suivra une définition des modalités selon lesquelles de tels déplacements viendront ponctuer, rythmer les combats des divers sujets destinataires.

On rappellera que le combat "se situe...en dehors de la société touchée par le malheur. Une longue séquence du récit est caractérisée par l'absence du héros, qui se situe entre le départ et l'arrivée incognito de celui-ci."[1]

Soit, selon la réduction logique à laquelle Greimas soumet l'analyse de Propp:

—Un départ, fonction nº 7 chez Greimas,[2] correspondant à XI chez Propp (the hero leaves home).

—Un transfert spatial, nº 10 chez Greimas, et correspondant à XV chez Propp (the hero is transferred, delivered, or led to the whereabouts of an object of search).

—Un retour, nº 14, correspondant à XX chez Propp (the hero returns).

—Une arrivée incognito, nº 16, correspondant à XXII chez Propp (the hero, unrecognized, arrives home or in another country).[3]

La réduction logique aboutit ainsi à dégager, dans cette séquence absence, deux paires contradictoires dont les deux termes sont eux-mêmes liés entre eux par un rapport de contrariété. Soit:

| départ | transfert spatial | retour | arrivée incognito |
|--------|-------------------|--------|-------------------|
| $\overline{p}$ | $\overline{\text{non p}}$ | non p | p |

On rappellera: que $\overline{p}$ correspond au déplacement précédant immédiatement l'ouverture de l'épreuve qualifiante;

que $\overline{\text{non p}}$ correspond à celui qui suit immédiatement la réception de l'adjuvant (modalité du pouvoir);

que non p suit immédiatement la liquidation du manque (modalité du vouloir);

que non p est immédiatement suivi de p, qui précède lui-même immédiatement l'ouverture de l'épreuve glorifiante (modalité du savoir).

Si l'on considère tout d'abord les déplacements de la Marquise, héros dans l'isotopie contractuelle tendresse mondaine, on constate que:

—$\overline{p}$, qui suit le départ du Duc pour Versailles, correspond à un déplacement de la zone de signification "intimité-estime," où l'on est seul, ou à deux,[4] vers la zone de signification "mondanité," soit le boudoir où Célie reçoit et où se livreront les deux luttes qui constituent l'épreuve glorifiante.

—La Marquise reçoit alors l'adjuvant, soit la lettre que lui remet La Tour. Elle décide d'aller retrouver sa mère, et sort du boudoir avec le Duc: $\overline{\text{non } p}$, suivi de l'épreuve principale, où s'opposent les valeurs individuelles et les valeurs mondaines et sociales.

—Après liquidation du manque, non p correspond au retour du Duc dans le boudoir, en tant que représentant, à deux titres, de la Marquise. C'est dans ce boudoir, lequel appartient à présent au champ de signification intimité-goût, que va s'engager l'épreuve glorifiante.

—Enfin, p se réalise par l'intermédiaire des deux déplacements successifs et complémentaires de la Marquise, sa visite à sa mère et son retour chez elle. C'est bien d'un retour à la zone intimité-estime qu'il s'agit, mais aussi d'un retour incognito en ce sens qu'il est en étroite relation avec l'épreuve glorifiante que le Duc livre en son nom: ainsi, la Marquise est à la fois physiquement présente ailleurs et participante active—sous le masque du Duc—au combat. Et le retour final de son amant satisfait amplement au non c-reconnaissance (qui constitue la Marquise en héros) de l'épreuve glorifiante.

Si, dans le cadre de l'épreuve glorifiante de la Marquise, le Duc agit comme représentant de sa maîtresse, il agit également en son nom propre dans l'isotopie contractuelle libertine, où il doit procéder aux trois réintégrations qui compenseront les trois manques dont il a souffert. On va, ici encore, constater la présence de quatre fonctions déplacement, toutes situées aux points stratégiques prévus. Soit:

$\overline{p}$: le Duc quitte le fauteuil où, en compagnie de Célie, il a succombé au moment.

$\overline{\text{non } p}$: après avoir tenté de se faire pardonner par Célie, et voyant que la "soumission" ne paie pas, il recourt à l'autorité: il la saisit et l'entraîne sur la chaise longue qu'elle occupait pendant la première partie du dialogue, et où il l'oblige à "prouver qu'elle est vaincue," c'est-à-dire à manifester du plaisir.

On doit admettre l'impossibilité de dégager, dans la section postérieure à l'épreuve principale, des déplacements spatiaux susceptibles de répondre à non p et p. C'est ainsi qu'un déplacement tel que l'aller-retour entre la chaise longue et la salle à manger avant le départ de Clerval ne joue qu'un rôle confirmatoire dans le cadre du non c-reconnaissance de l'épreuve glorifiante de celui-ci; tel la coda d'un dernier mouvement de symphonie, ce double déplacement n'est là que pour renforcer l'évidence de ce qui a précédé.

Est-il possible de rendre compte de non p et p? On fera remarquer que la séquence comprise entre $\overline{p}$ et $\overline{non\ p}$, soit entre les deux déplacements physiques du Duc, constitue en même temps une phase où la parole est devenue inopérante; compte tenu du silence des deux protagonistes, "l'éditeur" du dialogue prend la relève dans le cadre d'une narration à la troisième personne. Cette section du dialogue est régie par un refus et/ou une impossibilité de parler, concomitants tous deux d'une suspension de l'action, symétrique de celle qui avait précédé l'explosion du moment. S'y livre un conflit entre une nécessité d'agir—par la parole—et une impuissance temporaire à communiquer verbalement. Ce blocage se manifeste d'autre part tant par l'immobilité du Duc que par les déambulations circulaires de Célie, fort occupée à jouer la grande scène de l'indignation. Et l'interjection "monstre!" qu'elle adresse à Clerval à l'instant où il lui témoigne, par sa conduite, qu'il est prêt à émettre des excuses, met un obstacle définitif à toute clarification de la situation par les voies d'un discours persuasif.

C'est alors que le geste d'autorité du Duc (EQ) permet le passage d'une zone de pertinence, doublée d'inefficacité, du verbal, à une zone où celui-ci devient non pertinent et cède la place à des actions-paroles: soit un $\overline{non\ p}$ de nature non plus spatiale, mais pratique. En prenant la décision d'entraîner Célie sur sa chaise longue et de l'y agresser, le Duc abandonne en même temps l'argumentation verbale, au profit d'une lutte physique signifiante— et placée sous le signe de l'univocité—qui constituera le cadre de l'épreuve principale. Le manque ayant été liquidé, il est alors possible de réintégrer la zone du verbal.

Soit un retour non p, caractérisé par le passage du non verbal au verbal, et une arrivée p sur le lieu de l'épreuve glorifiante, celui de l'exécution du contrat de goût dont Célie vient de reconnaître en termes non ambigus l'existence et l'empire. Cette arrivée constitue-t-elle une arrivée incognito? Sans doute, et dans la mesure où le Duc, désireux de se défaire au plus vite de la jeune femme, atteint son objectif par l'intermédiaire d'une série de contrats et luttes fondés soit sur le déguisement, soit sur la tromperie selon que Célie est consciente ou non des visées de Clerval et que sa coopération est, au niveau de l'être, volontaire ou non. On remarquera encore une fois à quel point être et paraître sont étroitement interdépendants chez Crébillon, puisque déguisements et/ou tromperie ont pour effet ultime d'exaucer le souhait que Célie formait depuis longtemps: avoir une liaison avec Bourville. Une fois de plus, le port du masque a pour but et pour conséquence de donner plein effet à une vérité préexistante, mais jusque là masquée, et le déguisement permet au Duc de replacer la jeune femme dans la sphère qu'elle avait indûment quittée: celle d'un goût indissolublement liée au mépris. L'histoire de Célie, c'est en quelque sorte celle d'un meurtre mondain qui serait à la fois un accouchement sans douleur: Célie meurt pour revivre, enfin restituée à elle-même, et chacun y trouvera son compte . . . .

De fait, le parcours dont Célie est sujet est constitué, conformément à la logique de notre approche, de déplacements aussi "manqués" que les épreuves qu'ils ouvrent ou closent. La dernière section de cette étude permettra d'en rendre compte plus en détail, en les intégrant à un travail sur plusieurs isotopies fondamentales où, pour reprendre la terminologie sémiotique, le noologique (perception des valeurs) et le cosmologique (perception de l'univers physique) sont étroitement entrelacés. Contentons-nous ici d'un compte rendu schématique:

—Soit un NON $\overline{p}$, où le passage de "l'être à plusieurs" (le "jour de visites") à "l'être à deux" n'est possible que grâce aux conditions météorologiques, d'une part, au départ de la Marquise, de l'autre. Soit, d'une façon ou de l'autre, à une perturbation des "humeurs" du macrocosme ou d'un microcosme particulier.
—Soit, d'autre part, un NON $\overline{\text{non p}}$, où Célie, quittant sa chaise longue pour "un de ces grands fauteuils qui sont aussi favorables à la témérité que propres à la complaisance" (*Has.*, p. 250), se livre à la toute-puissance du moment. On est en présence d'un déplacement qui justifierait d'être décomposé en deux sous-unités. Soit un NON $\overline{\text{non p}}$ 1—Célie gagne le fauteuil[5]— et un NON $\overline{\text{non p}}$ 2.
—Elle se découvre inconsciemment aux yeux du Duc: progression qui révèle de façon exemplaire l'emboîtement, la concentricité de moments d'intensité croissante, assortis eux-mêmes de déceptions-soumissions aux intensités également croissantes.
—Enfin, en quittant le fauteuil après s'être dégagée des bras de Clerval, Célie croit s'extraire de l'aire régie par le moment—NON non p—mais son attitude force le Duc à recourir à l'action pure, d'où retour à la chaise longue: soit NON p, avec les conséquences que l'on sait.

### D.1. Les Aliénations et les réintégrations:
### Vers une théorie de l'échange crébillonien

Pour dégager du déroulement syntagmatique, correspondant au niveau de la manifestation du récit, les structures paradigmatiques qui le sous-tendent au niveau profond, Greimas procède à trois réductions successives.[1] Ces réductions résultent du dégagement d'isotopies communes entre, d'une part, les trois couples de fonctions qui, au plan de la séquence introductive d'aliénation, forment eux-mêmes une séquence qui "apparaît comme une succession de malheurs, se présentant à la suite de la violation de l'ordre établi,"[2] et, d'autre part, les trois couples qui, dans la séquence finale, vont constituer la série positive grâce à laquelle sera restauré l'équilibre premier.

C'est ainsi que le couple initial de la série négative, enquête vs. renseignement, et le couple final de la série positive, manque vs. reconnaissance, sont réinterprétés en fonction d'une "conception générale de la communication," comme communication négative (interrogation vs. réponse) et communication positive (émission d'un signe vs. réception de ce signe); cette réinterprétation met par ailleurs en lumière une symétrie opposant l'extorsion d'un message à sa délivrance. Soit, en recourant à la notation symbolique, $\overline{C1}$ à C1.[3]

La même procédure permet, en opposant le couple introductif déception-soumission au couple final révélation du traître-révélation du héros, de dégager une isotopie du masque dans le cadre de laquelle "on peut dire qu'à la manifestation du traître et du héros déguisés, se cachant sous des apparences, correspond la révélation de leur véritable nature."[4] Soit le couple extorsion de la vigueur qualifiante, de la nature héroïque, vs. restitution de cette nature, ou $\overline{C2}$ vs. C2.

Greimas met, enfin, en opposition le couple initial traîtrise (accomplie sous forme de vol ou de rapt)-manque, et le couple final punition du traître et liquidation du manque; il souligne également que cette liquidation s'opère de façon redondante d'abord par la restitution du bien à la communauté après la victoire sur le traître, ensuite par la récompense du héros. Cette opposition permet de dégager la transmission d'un objet-bien C3, opposé à $\overline{C3}$, et qui vient s'ajouter à C2 et C1, transmission d'un objet vigueur et d'un objet message.

Cette introduction théorique va nous conduire à ouvrir ici une parenthèse, elle aussi d'ordre théorique. On se rappelle que l'étude du parcours narratif propre à Célie avait conduit à dégager, dans le cadre d'une quête manquée, une correspondance terme par terme entre les trois fonctions aliénation et les trois fonctions épreuve non passée, d'où résultait une symétrie parfaite du type suivant:

enquête-renseignement ———— non EQ
déception-soumission ———— non EP
traîtrise-manque ———— non EG

Or, l'analyse à laquelle Greimas soumet les aliénations et les liens logiques qui les unissent aux réintégrations dans le cadre d'une quête réussie, débouche sur un schéma de type tout différent, dominé par une dissymétrie indéniable, du type ci-dessous. Soit:

$$
\begin{array}{ll}
\text{enquête-renseignement } \overline{\text{C1}} & \text{C2 EQ} \\
\text{déception-soumission } \overline{\text{C2}} & \text{C3 EP} \\
\text{traîtrise-manque } \overline{\text{C3}} & \text{C1 EG}
\end{array}
$$

Dissymétrie fondamentale: à un double décrochement parallèle d'une unité s'oppose un décrochement en sens inverse de trois unités, et l'on remarque que si le succès de la quête permet une parfaite réintégration par rapport aux aliénations initiales, il s'en faut que la présentation spatiale des rapports qui s'établissent entre les éléments de la structure paradigmatique, traduise un équilibre aussi complet. Il serait sans doute intéressant d'appliquer cette remarque à des récits fondés sur l'alternance des quêtes entreprises et réussies par un acteur-héros et celles qu'entreprendrait à son tour, et avec succès, contre le héros initial, celui que sa défaite précédente aurait constitué en traître, chacun des protagonistes échangeant sa qualification en fonction de son succès ou de son échec à la quête ou contre-quête qu'il aurait entreprise.

Une telle étude permettrait tout particulièrement de vérifier, dans le cadre d'affrontements assortis de revanche, la présence d'une structure en tresse, du type suivant, où le retour à la situation initiale serait fondé sur un rythme ternaire. Soit, pour deux acteurs A et B:

$$
\begin{array}{lllll}
\text{e.-r.} & \overline{\text{C1}} & \text{C2 EQ} & \text{EQ'} & \text{EQ''} \\
\text{d.-s.} & \overline{\text{C2}} & \text{C3 EP} & \text{EP'} & \text{EP''} \\
\text{t.-m.} & \overline{\text{C3}} & \text{C1 EG} & \text{EG'} & \text{EG''}
\end{array}
$$

| | Victoire A | Victoire B | Victoire A |
|---|---|---|---|
| Aliénation A | Aliénation B | Aliénation A | Aliénation B |

On voit l'intérêt d'une approche de ce type dans les récits où la victoire définitive du héros n'est possible qu'à la suite d'une séquence où celui-ci aurait d'abord été vainqueur du traître, puis vaincu par lui. On en voit aussi la difficulté, puisqu'il s'agirait de dégager dans quelle mesure ce qui pour l'un des acteurs correspond à une aliénation où une réintégration de type 1, 2 ou 3 pourrait représenter pour l'autre une réintégration ou une aliénation de classification différente—le C1 de A héros devenant, par exemple, le C'3 de B aliéné, etc.

Pour clore cette parenthèse, on ajoutera qu'une telle approche ne conviendrait probablement qu'à des récits où victoire et défaites sont fondées, non sur la force physique, mais sur l'erreur et/ou la tromperie, puisque toute séquence initiale comprend obligatoirement une sous-séquence déception-soumission.

## D.2. Les Réingégrations impossibles

Le moment intervient de façon irréversible: ni Célie ni le Duc ne peuvent faire qu'il n'ait jamais existé, et dans cette isotopie particulière où l'instantanéité du désir met en échec la raison et la volonté, le moment, traître en ce sens qu'il met les deux acteurs dans l'impossibilité d'honorer les contrats qu'ils ont passés avec eux-mêmes, se révèle comme "héros" sémiotique réel.

On rappellera que toute réintégration est également exclue quant à l'ordre contractuel social. Le mariage de deux amants ne peut en effet qu'être éphémère, et dissous par le décès prématuré de l'un des deux nouveaux époux (*Lettres de la Marquise*), quand il n'est pas tout à fait impossible, et ce malgré la chute des obstacles initiaux (*Lettres de la Duchesse*, sur lesquelles nous reviendrons plus longuement). Quant à la rupture, elle laisse la place chez l'homme à la haine, équivalent négatif de l'amour, et avant-coureur d'un mépris qui constitue la manifestation d'une paix dont il a lui-même rendu possible la reconquête:

Je l'ai haïe, sans doute, et avec une violence qu'il me serait difficile de vous exprimer; mais il ne me reste plus à présent que ce mépris froid et paisible dont personne ne pourrait se dispenser de l'honorer si tout le monde savait, comme moi, combien elle en mérite. (*Nuit*, p. 20)

Du côté de la femme, la situation est similaire: que son amant la quitte, ou que l'impossibilité dans laquelle il la met—parfois volontairement[5]—de lui conserver son estime l'oblige elle-même à le quitter, il lui est impossible de réintégrer l'état d'équilibre initial, de retrouver sa "tranquillité" perdue.

"Toute jeune encore, j'ai eu le malheur d'avoir deux affaires; je m'en méprise" (*Nuit*, p. 61). Le mépris pour soi naît de la rupture, et le temps ne saurait l'effacer. Vient le renforcer la crainte du regard d'un public qui se fait le soutien farouche de la loi contractuelle sociale, bien qu'y ayant lui-même contrevenu, et qui s'efforce à son tour de multiplier les occasions de chute pour ceux qui sont restés jusqu'à présent impeccables, ou tout du moins relativement stables dans le champ amoureux:

Le public a été indigné de l'inconstance de Damis, que je ne méritais assurément pas, mais il m'a blâmé d'avoir pris Eraste, et avec un cœur tendre et vrai, n'ayant été que faible, peut-être on me croit galante, ou du moins née avec de trop grandes dispositions à le devenir. Je dois, et je veux me laisser oublier. (*Nuit*, p. 61)

Cet oubli n'est possible qu'à la condition de sortir à jamais du monde, de mourir—réellement ou symboliquement—à ce monde. La mort à soi-même qu'implique toute chute dans la tendresse ou le goût, ne peut trouver de compensation que dans cet autre évanouissement qui, tel celui de la Marquise ou de la Duchesse au terme de leurs *Lettres,* est en raport direct avec la mort du récit lui-même. Si le récit crébillonien dépeint un certain monde (copié sur le réel ou obéissant aux seules lois du système romanesque édifié par l'auteur, peu importe), il est lui-même consommateur et générateur de récits. Bien plus, on peut dire que cette réintégration trouve application au niveau même de l'activité de lecture dans la mesure où le lecteur, une fois le livre refermé, est censé se trouver réintégré au sein de la non-narrativité propre à l'univers référentiel qui l'enserre dans sa trame contractuelle et légale. Pour lui aussi, achever un récit, c'est "mourir un peu."

Chez Crébillon, on sort d'une liaison comme on sort d'un roman—bien souvent on n'y est entré que sous l'influence de lectures romanesques préalables—et l'on sort en même temps du champ du discours narratif: ainsi, dans les *Lettres athéniennes,* Aspasie disparaît de l'espace romanesque dès après sa rupture avec Alcibiade et cède en même temps la place et la parole à la courtisane Némée. Bien plus, sa réintégration ne nous paraît prendre tout son effet qu'à la suite d'une réintégration seconde, à savoir la disgrâce politique de son époux Périclès que suit de fort près le décès de celui-ci: c'est alors seulement que le passé de l'ex-courtisane et de l'épouse faible et adultère est définitivement purgé et qu'Aspasie devient à jamais la veuve du grand Athénien.

On peut donc aussi mourir pour quelqu'un; la mort et son équivalent symbolique, la maladie grave, outre la réintégration qu'elles assurent à ceux qui les subissent, peuvent également bénéficier, par une sorte de contagion positive, à ceux avec qui ils s'étaient engagés sur la base d'un contrat d'estime.

C'est d'ailleurs dans les mêmes termes, mais selon des modalités restreintes, que dans *Le Hasard* mort et maladie se voient confier cette fonction réintégratrice. C'est en effet la maladie—sérieuse ou non—de la mère de la Marquise, dépositaire des valeurs sociales, qui permet à celle-ci, en exécutant les obligations qui leur sont attachées, de s'assurer (de) l'estime du Duc.

Célie elle-même a bénéficié des suites d'une maladie passée: la mort de Prévanes, son dernier amant, est survenue au moment même où les soins qu'il lui avait prodigués venaient de la rendre à la vie. Il est véritablement mort *pour elle,* et ce décès a du même coup restitué la jeune femme au statut que ses chutes initiales lui avaient fait perdre aux yeux du monde. On peut même considérer que l'aveu verbal que lui avait refusé Norsan lui a été volontairement accordé par Prévanes, cette fois sous les espèces d'une conduite pratique portant exécution des obligations inhérentes à un contrat de tendresse. Bien plus: la parole de Norsan aurait été trompeuse, donc inefficace; la sincérité de Prévanes est au contraire attestée par l'efficacité de ses actes et en quelque sorte solennisée par la disparition défńitive du seul véritable *amant* que Célie ait jamais eu.

La mort de Prévanes constitue l'aveu d'amour et d'estime dont Célie semble faire tant de cas.[6] Sans doute est-ce son authenticité même qui fait obstacle à sa prise en considération par la jeune femme: nous le savons, seules comptent pour celle-ci les conduites qui relèvent d'un paraître pur —qu'elle s'empressera d'affecter à un être inexistant.

S'affirme une fois de plus la possibilité d'analyser la séquence maladie-mort en fonction du schéma fondamental de la triple épreuve. La maladie de Célie est alors épreuve qualifiante, les soins que lui prodigue Prévanes correspondent à l'épreuve principale, la maladie et la mort de celui-ci forment l'épreuve glorifiante qui confère le statut d'héroïne à la jeune femme, devenue "amante inconsolable" aux yeux du monde.

Il convient toutefois de souligner en quoi les deux séquences maladie s'opposent l'une à l'autre, et quelle hiérarchie s'établit entre elles. C'est activement et volontairement que la Marquise exécute les obligations qui lui incombent; cette exécution et les modalités selon lesquelles elle s'effectue ont pour effet la restitution temporaire de l'objet estime à la Marquise, restitution qui va rendre à son tour possible la survie du contrat de tendresse qui l'unit au Duc. Dans le cas de Célie, au contraire, l'exécution d'obligations inhérentes cette fois à un contrat de tendresse revient tout entière à Prévanes, Célie n'ayant, tout au long de l'épisode, qu'un rôle entièrement passif. L'échange aux termes duquel la conduite-aveu de Prévanes a rendu possible la réintégration mondaine de Célie, n'est donc, au début du *Hasard*, qu'un échange incomplet. Pour prendre véritablement et intégralement effet, il devrait s'assortir, du côté de Célie, d'une contre-acceptation ainsi que d'une exécution symétrique, soit là encore d'une conduite d'un type donné, qui vaudrait elle-même reconnaissance de la nature du contrat que la conduite de Prévanes a eu pour effet de rendre possible.

Dans la première hypothèse, on a donc une interaction limitée mais efficace entre deux champs contractuels de niveaux différents, conséquence d'une action volontaire d'un sujet qui devient ainsi le bénéficiaire du transfert de l'objet estime; dans l'autre, tout se passe à l'intérieur d'une seule zone contractuelle, et la réceptrice de l'objet n'est qu'un bénéficiaire passif; pour que son statut nouveau lui soit définitivement acquis, ce bénéficiaire doit devenir à son tour sujet actif et efficace: la constance de Célie constituerait alors l'acceptation du contrat qu'en mourant lui a proposé Prévanes.

On soulignera une fois de plus que ces réintégrations ne sauraient être définitives. Pour conserver à jamais l'objet estime, la Marquise, ayant réintégré la zone estime, devrait y rester à jamais, c'est-à-dire s'éloigner définitivement du Duc (tendresse) et du monde, et l'on sait que toute sa conduite est motivée par son désir de voir Clerval lui revenir (donc de retourner à lui). Quant à Célie, il lui faudrait se soumettre à la loi des contrats et reconnaître la suprématie d'un contrat de tendresse authentique par rapport au faux semblant que constitue le goût assorti de "politesse." A cette condition, et à celle de reconnaître d'autre part la loi du contrat qui la lie à la Marquise, elle pourrait réintégrer pleinement la sphère contractuelle mondaine "morale." Cette double reconnaissance aurait pour effet subsidiaire de la protéger contre toute emprise ultérieure sur elle de la tromperie ou de l'erreur dans la passation de contrats éventuels, et de favoriser une coïncidence aussi étroite que possible entre être et paraître. Or—et c'est là sa fatalité—Célie ne peut fonctionner que dans le mensonge, et l'on sait que son double affrontement avec le Duc et le moment, son refus exprès du contrat que lui avait proposé Prévanes, vont lui faire perdre définitivement tout espoir—mais en a-t-elle seulement jamais eu le désir?—de réintégration.


D.3. Les Réintégrations possibles: La loi contractuelle mondaine


1. Les Réintégrations manquées: Célie

La réintégration par rapport au message $\overline{C1}$ - C1:[7] à l'obligation dans laquelle s'était trouvée Célie de manifester son goût pour Norsan devrait répondre soit la décision, librement prise par elle-même, de manifester sa tendresse à quelqu'un, soit l'obligation dans laquelle elle mettrait un tiers de lui faire un aveu—même non véridique—d'amour. Elle a en fait reçu bien plus que cela, c'est-à-dire un message volontaire de tendresse de Prévanes, dont elle va perdre le bénéfice en s'attaquant par goût à un homme qui n'a qu'indifférence pour elle, et dont elle n'obtiendra qu'un aveu de goût involontaire, après lui avoir dévoilé involontairement son corps, donc ses dispositions réelles.

La réintégration par rapport à la nature héroïque $\overline{C2}$ - C2: à la tromperie dont Célie a été à la fois instigatrice et victime devrait correspondre l'affirmation de la modalité véridictoire. Là encore, cette réintégration, rendue possible par la mort de Prévanes, n'a pas lieu, et Célie, encore prisonnière du mensonge, se trompe autant qu'elle est trompée. Bien plus, après avoir tenté de faire agir son partenaire sur le mode du mensonge, la tromperie dont elle se fait elle-même la victime l'oblige à agir sur le mode véridictoire:

elle révèle le plaisir physique que le Duc lui a fait ressentir, et donc son acceptation de ce qui n'est qu'un contrat de goût.[8]

La réintégration par rapport à l'objet bien $\overline{C3}$ - C3: la liquidation du manque suscité par Norsan, rendue possible par la mort de Prévanes, est définitivement exclue au terme du dialogue: Célie reçoit définitivement l'objet négatif mépris; bien plus, elle devient elle-même objet bien dans l'isotopie mondaine-libertine, puisqu'elle est enfin remise en circulation.


2. Les Réintégrations réussies: La Marquise

—$\overline{C1}$ - C1: à l'extorsion d'un message ayant pour contenu "l'aveu de la tendresse" répond la délivrance d'un message ayant pour contenu l'estime: le Duc revient à la Marquise.

—$\overline{C2}$ - C2: du même coup celle-ci—et le Duc, en tant qu'il l'a représentée au cours de son épreuve glorifiante—est reconnue comme sujet-héros. L'acteur Duc a cessé—pour un temps—d'être un traître en puissance, l'acteur Célie ayant définitivement assumé cette dernière fonction, puisque le dialogue l'a fait passer de la position de traître virtuel, latent, qu'elle occupait en son début, à celle de traître patent: Célie appartient, définitivement, à la catégorie des femmes galantes.

—$\overline{C3}$ - C3: la restitution temporaire de l'objet estime à la Marquise n'est possible qu'en contrepartie d'une perte définitive de cet objet par Célie, qui en était le bénéficiaire potentiel. Cette restitution dépend de la présence d'une instance-relais, qui assure la médiation du transfert. En application du principe de stabilité qui gouverne toute loi contractuelle, l'estime que le Duc rapporte à la Marquise, c'est celle dont Célie s'est allègrement défaite, en vertu de sa soumission à la loi du moment. Mais ce transfert se double obligatoirement d'un transfert en sens inverse, portant sur un objet de signe négatif celui d'une "charge" de mépris dont la Marquise était récepteur potentiel et dont Célie devient récepteur actuel avant même le terme du dialogue.


3. Les Pseudo-réintégrations et les transferts de valeurs non désirables

Il apparaît que le libertinage de l'homme, reconnu comme naturel par le monde, joue un rôle fondamental dans l'économie des valeurs mondaines, en tant qu'il rend possible une circulation continue—et nécessaire—des valeurs estime et mépris. Car, à la différence de la sphère sociale et de la sphère tendresse, les objets valeur sont, dans l'espace mondain, en quantité limitée, et leur immobilisation sur des sujets avec qui ils sont en rapport d'incompatibilité menacerait le fonctionnement global du système. *Le Hasard*, c'est l'histoire d'une réintégration, mais à des niveaux divers, chacun de ces niveaux contribuant à la réalisation de cette même réintégration à un ou plusieurs autres niveaux. Soit un schéma du type suivant:

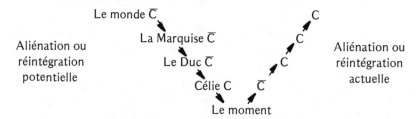

Conformément à la remarque faite plus haut, on pourrait aller plus loin dans l'analyse du dispositif de communication au sein du dialogue considéré, en fonction du principe selon lequel donner, c'est se dépouiller, ou encore faire l'acquisition d'un objet assorti de signe opposé. Dans cette optique, le Duc, au lieu de jouer uniquement le rôle de représentant de la Marquise, serait lui-même inclus dans le circuit d'échange dont il deviendrait l'un des relais passifs: on a vu qu'ayant fait don de l'objet estime à la Marquise au terme de l'épreuve principale de celle-ci, il a du même coup acquise l'objet négatif qui, passant du sexe féminin au sexe masculin, a échangé son contenu "mépris" contre celui de "ridicule." Cet échange expliquerait alors sa faiblesse face au moment et surtout le danger, le risque qu'une telle défaite fait peser sur lui: celui d'aggraver, en les répétant, les deux erreurs dont sa carrière libertine s'est trouvée entachée. Etre obligé de prendre sans goût "raisonné" et de garder sans tendresse—ou de "quitter" selon les modalités réservées à la tendresse—voilà pour le libertin un ridicule achevé. Il lui faut donc, par tous les moyens, transmettre ce moment qui risque de coller à lui ainsi que les contenus éthiques qui tout à la fois en résultent et le re-présentent aux yeux d'autrui. C'est en fait à assurer cette transmission que seront consacrées les trois épreuves du Duc, puisque celui-ci, au terme du dialogue, a recouvré sa gloire de libertin, laquelle n'est autre que l'estime dont Célie s'est complaisamment défaite à son profit, en contrepartie de l'objet négatif ridicule, redevenu, de par le sexe de son récepteur final, objet négatif mépris.
    Soit le schéma suivant pour désigner le transfert:

| Marquise | Duc | Célie |
|---|---|---|
| Mépris potentiel | Ridicule potentiel | Mépris actuel |
| Estime actuelle | "Gloire" actuelle | Estime potentielle |

La validité des observations précédentes trouve une confirmation supplémentaire dans la présence, au sein ou plutôt en marge du dialogue, d'un
quatrième acteur auquel il n'a pas été fait allusion jusqu'à présent: D'Alinteuil.

Double masculin de Célie, il retient tout d'abord l'attention dans la
mesure où sa présence est en quelque sorte présence *en creux*. Situation
paradoxale qui, s'ajoutant aux manifestations de type comparable déjà
recensées, renforce encore l'évidence du jeu auquel l'auteur soumet les
termes de la paire sémantique présence-absence. Le dialogue s'ouvre en
effet au moment précis où D'Alinteuil, venant de quitter le boudoir de
Célie, s'est du même coup exclu de la liste des "interlocuteurs" du *Hasard*.

On remarque bien vite cependant qu'il est fréquemment l'objet des propos des trois protagonistes, lesquels définissent peu à peu tant sa physionomie morale que le rôle qu'il joue dans le circuit mondain:

—Il a eu Célie, qui l'a quitté pour Manselles (*Has.*, p. 185).
—Il a tenté de prendre la Marquise, qui l'a repoussé et qu'il hait pour cette
raison, bien qu'il soit à présent engagé ailleurs (*Has.*, p. 155).
—Il a été l'ami ou, tout au moins, le confident de Clerval, auquel il a lui-
même confié sa liaison avec Célie en même temps que son rival malheureux,
puisque la Marquise l'a dédaigné pour le Duc.

Cette absence-présence semble assumer une double fonction: parler de
lui, c'est, en toute hypothèse, mettre en branle une conversation sur la
théorie ou la pratique de la tendresse et du goût; c'est aussi, et surtout,
faire un pas supplémentaire en direction du vrai. C'est en prenant D'Alinteuil et ses prétentions passées comme point de départ de leur entretien
que Célie et la Marquise en viennent à exposer leurs vues sur les "préjugés"
et les "principes" et les rapports qu'ils entretiennent avec le couple estime-
mépris; ce sont les confidences de D'Alinteuil qui, rapportées par le Duc à
la Marquise, apportent des touches supplémentaires au portrait de Célie et
contribuent à révéler sa qualité de traître virtuel dans l'isotopie tendresse.
C'est enfin et surtout la référence à D'Alinteuil, dont la responsable est
Célie, qui met en mouvement la longue séquence où le Duc rapporte aux
deux femmes les détails relatifs à la "ronde" du goût dont Versailles est le
lieu privilégié. D'Alinteuil, c'est en quelque sorte l' "homme-potin," à la
fois en tant que sujet et qu'objet.[9]

D'autre part, alors que Célie occupe dans la relation triangulaire qui la
lie au Duc et à la Marquise la position de double négatif de celle-ci, il apparaît que D'Alinteuil occupe l'un des sommets d'un triangle symétrique,
dont le second est occupé par la Marquise, et dans lequel il joue le rôle de
double négatif du Duc, lui-même occupant du troisième sommet. La Mar-

quise, qui s'est refusée à D'Alinteuil, mais s'est donnée au Duc, met elle-même cette relation en relief: "Tout admirable qu'il [D'Alinteuil] est, je puis dire que j'en ai sur moi copie: car par le même temps qu'il va rejoindre Madame de Valsy, Monsieur de Clerval vient me retrouver" (*Has.*, pp. 156-57). L'ironie de cette déclaration ne se révélera pleinement qu'après l'arrivée du Duc, puisque si Clerval, après son séjour à Versailles, doit pleinement retrouver la Marquise à Paris (après être passé par le boudoir de Célie), D'Alinteuil, après son passage dans ce même boudoir et sa conversation avec deux femmes qui incarnent ses deux échecs au niveau du prendre et du garder, retourne à Versailles pour *ne pas* y retrouver Madame de Valsy, sa maîtresse: celle-ci vient de le quitter, mettant en mouvement le cycle apparemment interminable des inconstances.

Les échecs de D'Alinteuil s'opposent ainsi, au niveau du libertinage comme à celui de la tendresse, aux succès de Clerval, en même temps qu'ils sont homologues aux échecs de Célie dans les mêmes domaines. Le Duc fait d'ailleurs remarquer que "désœuvrés comme ils le sont tous deux," ils pourraient bien se reprendre (*Has.*, p. 185): situation impensable, "anti-économique," puisqu'elle aboutirait à fixer, tout au moins momentanément, deux sujets dévalués, mais dont la seule justification consiste justement dans leur aptitude à circuler, soit plus vite pour la femme méprisable, soit moins vite pour l'homme ridicule.[10] Toute association entre Célie et D'Alinteuil bloquerait le système. C'est d'ailleurs la Marquise qui en rejette l'hypothèse à juste titre, puisqu'à la fin du dialogue Célie refusera de reprendre D'Alinteuil; c'est également la Marquise qui propose Bourville comme nouvel objet des faveurs de Célie, avec le succès que l'on sait.

### D.4. Les Réintégrations possibles:
### Les contrats fondés sur les valeurs individuelles

On a vu que le moment contraint le Duc à se laisser extorquer un message (soit $\overline{C1}$: il se précipite sur Célie). D'autre part, et alors qu'il se croyait à l'abri de tout désir, le moment l'oblige à désirer, en même temps qu'il oblige Célie à "lui plaire." Cette seconde reddition $\overline{C2}$ jette d'ailleurs une lumière crue sur la signification exacte du verbe *plaire* dans la "loi de Clitandre" telle que l'expose *La Nuit et le moment*, aussi bien que dans le "elle ne m'a jamais plu" par lequel Clerval justifiait vis-à-vis de la Marquise son indifférence passée et présente pour Célie. "Plaire," c'est exciter le désir dans ce qu'il a de plus mécanique, de moins "mental," et c'est ce "plaire" imposé qui représente pour le Duc la perte de sa vigueur mentale qualifiante, de sa nature héroïque de libertin. Quant à la nature de $\overline{C3}$, on sait que le triomphe du moment a pour conséquence immédiate une demande

d'aveu émanant de Célie, et ce dans des conditions telles que cet aveu constituerait non pas une simple "politesse," mais un authentique mensonge,
compte tenu des dispositions d'esprit de la jeune femme. Célie refusant
d'admettre l'existence d'un codage, le bien volé ici, c'est sans doute la
plénitude de l'empire du vrai, en ce sens qu'il y a à présent risque d'une
occultation de celui-ci.

Mais si, dans la zone libertine, le Duc joue le rôle de champion de la
vérité—n'est-il pas le Duc de *Clerval*?—il est d'autre part représentant de
la Marquise dans le cadre du contrat passé entre elle et Célie, et l'on sait
que c'est l'existence même de ce contrat que menacent les exigences de
la jeune femme. Or, on l'a vu plus haut, ce dernier contrat se situe dans
la zone du mensonge mondain, tant par son objet que par sa nature, si bien
que le Duc se trouve être à la fois le champion de la vérité sur le plan individuel et le champion du mensonge sur le plan social. Situation paradoxale
à rapprocher de celle de la Marquise, puisqu'elle n'hésiterait pas à s'attirer
l'estime de son amant en recourant à des conduites qui ne seraient estima-
bles qu'au niveau du paraître, le niveau de l'être étant entièrement assujetti
à la tyrannie du désir de tendresse.

Ce manque, l'épreuve principale permettra au Duc de le combler: en
obligeant Célie à manifester sa jouissance (C3), il affirme la nature du contrat qui les lie en même temps qu'il sauvegarde l'existence de celui qui unit
Célie et la Marquise. Sont ainsi récupérés tant la vérité au niveau des valeurs
individuelles-goût que le mensonge aux niveaux mondain et social. $\overline{C2}$ ayant
déjà été soumis à réintégration lors de l'épreuve qualifiante, et C2 récupéré,
l'épreuve glorifiante permet, par le biais de la "réception de message," de
procéder à la réintégration $\overline{C1}$ - C1.

Message dont, au plan des valeurs individuelles, le Duc est à la fois émet-
teur et récepteur. La reconnaissance qui en résulte est en l'espèce une recon-
aissance de soi-même par soi-même, conforme à la tradition cornélienne la
plus pure. Ses exploits ne devront-ils pas demeurer dans l'obscurité dans la
mesure où le souci de sauvegarder le contrat d'amitié l'empêchera de relater
son aventure à la Marquise, dans la mesure d'autre part où ce même souci
fera problablement obstacle à ce que, conformément à la loi mondaine, il
fasse part de son aventure au public?

Rien ne nous dit par conséquent si l' "histoire" du Duc se transformera
en ce "récit" dont tout libertin a besoin pour asseoir sa valeur, chaque récit
supplémentaire constituant une plus-value à son acquis, en même temps
que s'en trouvent accrues ses chances de succès dans le cadre d'aventures
subséquentes du même type. Et l'on peut alors se demander si le silence
que maintient la Marquise sur les circonstances de sa "chute dans la tendresse" n'a pas pour terme symétrique cette impossibilité de raconter qui

vient frapper Clerval dans le cadre de ses activités libertines. Sans doute, dans les deux cas, c'est en fait la personne même de Célie qui fait obstacle; c'est à celle-ci que la Marquise oppose son refus, et si le Duc doit garder le silence, c'est, selon toute apparence, dans cette unique circonstance. Bien plus, dans les deux cas, la raison fondamentale, c'est de plus en plus claire-ment le souci de maintenir, sans adultération aucune, le contrat d' "amitié" qui unit les deux femmes, ce contrat qui, on le sait, ne constitue qu'un déguisement, puisqu'il dissimule en fait un rapport de force dominant-dominé: le Duc ne peut pas plus raconter son aventure à la Marquise que celle-ci ne peut raconter la sienne à Célie, dans la mesure où se raconter, se révéler à celle-ci équivaudrait à se librer à la merci d'une indiscrétion à peu près certaine—et la Marquise comme le Duc, gens heureux, veulent à tout prix rester des "gens sans histoire."

Le dialogue s'articule, on le voit, autour de plusieurs silences auxquels incombent des fonctions essentielles. Silences qui peuvent être conséquen-ces d'interdictions: la Marquise ne doit pas plus se raconter à Célie que Clerval ne doit dire "je vous aime" à celle-ci, ou narrer son aventure à qui que ce soit. Silences encore qui s'insèrent en des points stratégiques du déroulement syntagmatique: silences-bloquages, ou au contraire silences signifiants grâce auxquels avance l'action.

Mais si le dialogue et les événements qu'il relate sont partiellement assu-jettis à la loi du silence, le monde, privé du récit que pourrait faire le Duc, en recevra cependant un précieux équivalent: Célie, que sa chute restitue à la communauté dont sa liaison avec Prévanes l'avait fait indûment sortir. Et c'est l'accomplissement de cette restitution qui justifie, au niveau le plus fondamental, la reconnaissance et la récompense des deux héros du dialogue, le Duc et la Marquise.

Célie, porteuse et récipiente d'un mépris qu'elle attire comme un aimant la limaille, a pour fonction de détourner sur elle-même le mépris que mon-daines et mondains retourneraient immanquablement contre eux-mêmes et ceux qu'ils aiment.[11] Avec Bourville, la jeune femme va jouer exacte-ment le même rôle qu'avec le Duc, puisque l'objet de sa nouvelle "fantaisie" est amoureux ailleurs, avant d'être à nouveau transmise à quelque autre heureux bénéficiaire.

On voit quel est le mécanisme, et surtout quels en sont les effets: dans un monde où règne l'instabilité des significations, puisqu'il est placé sous l'empire d'une dissociation entre être et paraître, la transmutation de ce déséquilibre en mouvement permet, par l'intermédiaire de certains indivi-dus, de procéder aux réajustements nécessaires. C'est le mouvement per-pétuel d'êtres tels que Célie et D'Alinteuil[12] qui permet au système tout entier de préserver sa stabilité et à la majorité de ses membres de se ménager une image point trop tremblante et dans laquelle ils puissent à leur tour se reconnaître. Peu importe alors que les valeurs qui circulent soient purement fiduciaires, signes dépouvrus de la motivation originellement attachée aux indices perdus; cette déperdition est pratiquement compensée par le mouvement qui parcourt tout le système. Et ce *mouvement* trouve à son tour sa source fondamentale dans un *moment* à la fois unité de temps de durée infinitésimale et, conformément à l'étymologie de *momentum*, principe de mouvement: est-on si loin de la conception aristotélienne d'un univers soumis à un "premier moteur" qui meut sans être lui-même mû? Apparaîtraient alors les fondements tout classiques du rococo crébillonien: de même qu'au niveau du style la volute de la phrase développe un système logique directement hérité d'Aristote, qu'elle exploite jusqu'à la parodie,[13] de même l'œuvre entière peut se lire—et pourrait faire l'objet d'une étude en profondeur—à la lumière d'une ontologie strictement aristotélicienne, "élucidation de l'être en mouvement du monde sublunaire."[14]

### E. Conclusion: Amour et Mercure

Dans cette œuvre où semblent s'affronter les intertextes philosophiques —est-ce simplement par jeu que les "platoniciennes" s'y opposent aux "philosophes" et que Socrate lui-même y apparaît dans un dernier roman tout entier consacré à l'Athène du V$^e$ siècle avant notre ère?—tout aboutit à la mise en place de l'économie dont nous dégageons ici les grandes lignes. Le sort des Célie, c'est d'y circuler—de plus en plus vite—au fur et à mesure que s'appesantit la charge de mépris qui leur échoit, et que devient plus transparent le masque qui les couvre. C'est, enfin, de se métamorphoser— l'âge venant—en Senanges: "Faite pour le mépris, il semblait qu'elle crût qu'on ne vît pas assez tôt combien on lui en devait. . . . Jamais elle n'avait su masquer ses vues" (*Egar.*, p. 216). Ces femmes dont Senanges, ultime avatar, prouve combien elles sont du côté de la nature, ces femmes sont à ce point prisonnières du moment qu'elles le véhiculent avec elles en tout lieu, qu'elles en rendent possible l'avènement par le moindre geste, fût-il, comme pour Célie, on ne peut moins prémédité: ce geste se charge automatiquement de signification. Pour la même raison, c'est aussi par elles qu'il convient de passer, à l'orée d'une carrière libertine. Car tel le destinataire du discours de Lysias dans le *Phèdre* de Platon, le débutant doit obliger "non les plus dignes, mais les plus indigents": "Plus grands sont les maux dont tu les délivres, plus grande sera leur reconnaissance."[1] Mais si pour Lysias l'un des torts de l'amant, c'est de trop parler, alors que ceux qui n'aiment pas, "restant maîtres d'eux-mêmes, préfèrent le solide avantage

de la jouissance au plaisir de faire parler d'eux,"[2] chez Crébillon, au contraire, ceux qui aiment se taisent, et ceux—et celles—qui n'aiment pas *par-
lent*. La parole, à la fois involontaire et irrépressible, de ces femmes galantes
qui se définissent "du premier coup d'œil" (*Egar.*, p. 148), témoigne le plus
explicitement qui soit de la présence, chez leur jeune partenaire, d'un *mérite*
dont on connaît la nature. D'où, dans *Les Egarements*, ce conseil de Versac
au jeune Meilcour: "à l'âge où vous êtes, c'est à la plus reconnaissante, et
non à la plus aimable que vous devez donner la préférence" (*Egar.*, p. 286).

Ces femmes dont le monde a besoin à double titre—pour maintenir
le fonctionnement des valeurs tant dans le système "moral" que dans le
système "libertin"—il les capture et s'en assure lui-même la maîtrise, en
exposant leur imagination à la séduction d'aventures amoureuses complaisamment transmises de bouche en bouche, et de romans qui passent peut-
être de main en main. On peut dire qu'il les crée, en les faisant émerger de
la zone informe de la compétence dans celle de la performance, dont elles
deviennent elles-mêmes les prisonnières volontaires. C'est ainsi que Célie
est tombée pour la première fois, c'est ainsi qu'impatiente de se libérer
des liens qui la rattachent encore à Prévanes, elle tombe à nouveau.

C'est d'ailleurs la Marquise qui, à ce niveau, joue le jeu du monde, puisque, source d'estime pour elle-même, son départ est en même temps une
mise en place du moment fatidique pour Célie. Bien plus, c'est elle qui, en
détaillant son bonheur à son amie, voire en lui en infligeant, comme à plaisir, le spectacle, provoque en elle le désir d'entrer en compétition. On peut
alors s'interroger: la Marquise est-elle objectivement ou subjectivement
responsable des événements qui suivent son départ? A-t-elle décidé de précipiter l'occurrence d'une crise qu'elle sait devoir être inéluctable tant pour
le Duc que pour Célie, et ce faisant de limiter les risques au maximum tout
en assurant les deux restitutions indispensables: celle du Duc à elle-même,
celle de Célie au circuit libertin? L'un des moindres intérêts des deux dialogues de Crébillon n'est pas de pouvoir donner lieu à une lecture dont la
subjectivité du lecteur—variable, elle aussi, en fonction du *moment* de cette
lecture—fera varier les résonances.

*La Nuit et le moment*, est-ce un dialogue rose comme son épigraphe le
laisserait entendre, ou au contraire une œuvre cynique et noire où l'ultime
réplique de Clitandre[3] serait l'équivalent textuel du dicton "in cauda vene-
num"? Le libertin a-t-il séduit Cidalise comme il a séduit ses autres victimes,
ou vient-il pour la première fois de s'engager sincèrement avec une femme
estimable, mais, ainsi qu'elle le fait remarquer elle-même, pas "bégueule"?
A l'inverse, et pour reprendre la classification zoologique selon laquelle
s'articulera la population du royaume de féerie de *Ah, quel conte!*, Cidalise
appartient-elle à la race des *grues* ou à celle des *oies*, ou bien n'est-elle

qu'une femme à la fois lucide et faible, capable de mettre en regard les risques et les bonheurs possibles d'une liaison, et d'agir en conséquence, quitte elle-même à donner des coups de pouce au "hasard."

Il semble bien, par contre, que le rose convienne mal au *Hasard du coin du feu*. Est-ce à dire qu'il relève du "noir," ou du "grinçant"? Là encore, c'est au lecteur de construire son propre modèle, en fonction de la valeur que, pour reprendre une construction chère à Crébillon, il "croira devoir" attribuer aux paroles des protagonistes ainsi qu'aux choix moraux qu'elles paraissent révéler. C'est dire que pour un lecteur malveillant, "l'innocence" de la Marquise ne peut être qu'objet de suspicion, et que dans une telle optique non seulement Célie, mais encore le Duc, apparaissent comme des marionnettes qu'elle fait se mouvoir à son gré.

En fait, il n'y a pas de *hasard* du coin du feu. Le moment n'existe que parce que le monde et ceux qui le composent—"amis," domestiques—s'attachent à le susciter. Si le monde est une scène, c'est une scène d'opéra, peuplé de machines et machinations où le seul héros authentique est le monde lui-même, c'est-à-dire finalement la scène. Le bien, le mal? Entre machine et manichéisme, il n'y a guère qu'un déplacement de phonèmes. L'"héroïsme" du monde passe obligatoirement par le recours à la traîtrise, et l'éthique libertine mondaine rejoint étrangement les données fondamentales de ce qui consituera, dans la dernière partie du siècle, l'imagination mélodramatique telle que le définit Peter Brooks dans l'ouvrage du même titre.

Le monde, traître aux valeurs sociales qu'il a méconnues, l'est encore vis-à-vis de ceux qui le composent et en lesquels il s'incarne; il est omniprésent dans ce dialogue qui peut se lire comme l'histoire d'une récupération par la communauté mondaine de ce qui lui est nécessaire pour survivre:[4] non seulement la chute définitive de Célie, mais encore le rétablissement par le Duc de sa gloire libertine. On notera d'ailleurs que ce rétablissement, tout orienté qu'il est vers la reconquête de l'exercice d'une liberté pleine et entière, ne se conçoit que grâce à la préexistence des contrats unissant le Duc à la Marquise, et surtout celle-ci à Célie. En leur absence l'aventure du coin du feu ne serait pour le Duc qu'un accident sans gloire, indigne de se transmuer en récit. Grâce, au contraire, à la double contrainte qu'ils font peser sur lui, il lui est possible de transformer sa défaite passagère en victoire définitive, de substituer à une plate chute un récit digne de circuler. Seulement, par exception ce récit ne circulera pas, puisqu'il sera tenu secret, pour les raisons que l'on sait. Et ce dont le Duc fait finalement le sacrifice à la Marquise, c'est, à défaut de l'exercice de son droit à l'infidélité, le récit qui en rendrait compte.

C'est dans cette mesure seule que triomphe ici le principe d'immobilité dans le cadre du conflit qui, dans le récit libertin, l'oppose incessamment à son principe antagoniste. Pour une fois, le désir féminin d'immobilité et d'immobilisation de l'autre l'emporte sur la tendance à la mobilité et à la mobilisation, apanage du sexe masculin. Le récit non narré va symboliser l'immobilisation—toute temporaire qu'elle soit—des deux amants dans le bonheur de leur liaison. Il est en quelque sorte lui-même devenu immeuble, et, le juridique se confondant ici avec le libertin, sa valeur s'en trouve encore accrue. Cette immobilisation constitue en même temps un garant de ce que la Marquise échappera, elle, à la "mobilisation," à la métamorphose redoutée en "effet de commerce" à valeur flottante. En contrepartie, le Duc rend manifeste son désir d'immobiliser des valeurs que la régularité de leur circulation aurait assurées d'une fructification soutenue. La victoire revient alors, dans les limites que l'on sait, à une tendresse à laquelle son immobilité confère des connotations foncières: comme la terre, elle est fondement et assise de la richesse noble, alors que le libertinage et ses champions s'inscrivent dans le registre commercial—et ont pour symbole l'air. On rapprochera d'ailleurs avec profit la conception d'un libertinage mondain où s'allient luxe et circulation des valeurs, des conceptions post-mandevilliennes qui dominent à l'époque la pensée économique proprement dite.[5] Comme le monde, l'économie d'une nation dépend, pour sa "richesse," "sa gloire" et "sa prospérité matérielle," non pas des vertus, mais des passions.[6] Et s'il est exact qu'à la fin du siècle précédent La Bruyère ait fait le portrait d'une société soucieuse "moins de la maîtrise de soi que de l'acquisition matérielle" et d'une accumulation qui se fait "au sein d'un vide spirituel,"[7] les auteurs galants et libertins substituent décidément à la thématique de la thésaurisation celle d'une circulation indispensable au commerce.

L'homme constant devient alors plus coupable qu'un avare qui arrêterait cette même circulation. A l'opposé, la femme légère ou la séductrice devient un effet, mis dans le commerce, et "où chacun peut prétendre."[8] L'homme libertin tentera donc de mobiliser la femme—donc de la faire passer de son côté—tout autant que la tendre s'attachera à "immobiliser" celui qu'elle aime. Le terme moyen, en fonction duquel le monde procédera à ses propres jugements et classifications, sera celui de la rapidité du mouvement, rapidité dont on sait que la valeur varie en fonction du sexe. La circulation du libertin est rapide, celle des ridicules, tels D'Alinteuil, est ralentie (si on les garde peu longtemps, on reste longtemps sans les prendre). Pour les femmes, à la quasi-immobilité de la sage ou de la faible répond la circulation accélérée des "galantes," qui en constitue en fait le prix: c'est avec la remise en mouvement de Célie et l'accélération de sa trajectoire que la Marquise paie le prolongement de sa propre immobilisation.

Ces valeurs trouvent à leur tour leurs garants dans les récits, ou les absences—signifiantes—de récits relatifs aux tenants de la tendresse ou du goût, ces récits renvoyant, on l'a vu, à des luttes, parfois déguisées, mais toujours réelles,[9] suivies à leur tour de marchés où il s'agit d'acquérir au meilleur compte, en fonction de la dualité des poids et mesures qui recouvre celle des sexes. Ainsi, la femme qui se respecte tendra vers l'immobilisation en fonction d'une durée de réflexion plus longue, ou, mieux encore, que l'absence de récit relatif à sa chute rendra indéterminable. Mais la mise hors circulation qui en résulte trouve sa contrepartie et son contrepoids dans la rapidité des chutes dont souffrent les femmes "galantes" et dont l'effet immédiat est l'accroissement de la rapidité de circulation, tant pour elles-mêmes que pour ceux qui les ont séduites.[10]

Ainsi, la parole est maîtresse, en ce qu'elle "fige" ou confère, au contraire, la mobilité. On parle pour séduire, ou pour résister, ou feindre de résister, à des individus dont la parole publique a fixé le cours par le défilé des récits qui en retracent les exploits. On sait que ces mêmes récits pourront être eux-mêmes intégrés dans le discours de séduction, où diverses fonctions leur incomberont, de l'illustration à l'appel à l'imagination érotique. Ce qui importe, c'est dans tous les cas d'accumuler le maximum de parole. Soit parole à soi, selon les modalités du discours persuasif, pour la femme, soit parole sur soi, sous les espèces de récits dont on est le héros (et parfois le narrateur)[11] pour l'homme. Et le prix que chacun est censé payer, le coût d'une liaison est fixé, en dernier ressort, par le regard-parole d'un public qui évalue en même temps que—en fait, parce que—il incite à désirer: suprême tour de passe-passe, où ce qui relève du naturel par excellence, le désir, se trouve récupéré, aménagé et codifié par le code culturel dans lequel il finit par s'abîmer.

De théâtre, le monde s'est fait marché. Dans cette optique sont vouées à l'échec les tentatives auxquelles se livrent, pour recouvrer leur autonomie totale, les individus-effets de commerce dont nous avons parlé, et ce dans la mesure où le schéma actantiel se présente ainsi que suit:

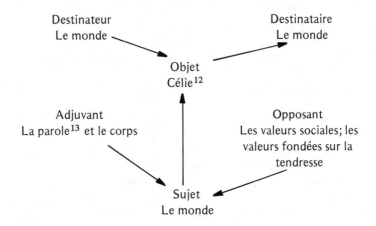

On voit que *Le Hasard du coin du feu* est le récit d'une multiple récupération, tant au niveau individuel qu'au niveau collectif. Ce qu'on y récupère, c'est un principe de survie: le mépris de l'autre, en rapport d'implication réciproque avec l'estime de soi, et en tant qu'il est à la fois cause métonymique et valant-pour métaphorique du principe de mouvement. La faible, la tendre ne peut conserver l'estime (liée à "l'immobilisation" aux sens physique et juridique) qu'au prix de la chute toujours plus abrupte de plusieurs de ses semblables: de leur restitution au statut qui leur revient de droit.[14] Le contrat d'amitié passé entre Célie et la Marquise continuera à produire ses effets, tout fondé qu'il est sur le mensonge—*parce qu'*il est fondé sur le mensonge: ce que la Marquise protège en refusant de rendre Célie à la zone où président les mères, en persistant à couvrir le scandale que crée la conduite de la jeune femme, ce n'est pas Célie, mais bien elle-même en même temps que le monde dont elle est le ministre.

Les contrats ont force de loi, mais il n'est pas, dans le champ mondain, de contrat qui soit et puisse être absolument pur de toute fraude. Du même coup, il apparaît qu'on fait jouer un curieux rôle aux détentrices de la légalité sociale, aux mères: si la Marquise trompe la mère de Célie sur la conduite de sa fille, sa propre mère ne contribue-t-elle pas, par ce message qui rappelle aux deux amants le respect dû à l'autorité de certains contrats, à jouer à Célie un "tour"[15] qui débouchera sur la "chute" que l'on sait et sur la satisfaction-satiété de la communauté mondaine?

Ainsi valeurs sociales et valeurs individuelles—qu'elles reposent sur la prééminence accordée au goût comme sur celle reconnue à la tendresse—ne sont-elles affirmées, respectées et défendues que pour mieux être captées et affectées au fonctionnement du monde. Ainsi encore ceux qui seraient tentés de se poser en héros—amoureux ou libertins—doivent-ils bon gré mal gré composer, et échanger la "couronne symbolique" de leur fonction héroïque contre la livrée moins brillante—mais combien plus sécurisante—de l'adjuvant.

Appendice

Le schéma suivant, inspiré de celui par lequel Joseph Courtès clôt sa lecture sémiotique de *Cendrillon* (Introduction, p. 138), porte distribution des modalités dans *Le Hasard du coin du feu*, en tant que ce dialogue marque le passage d'une disjonction entre un sujet (monde) et un certain objet (Célie) à une conjonction finale entre ce sujet et ce même objet.

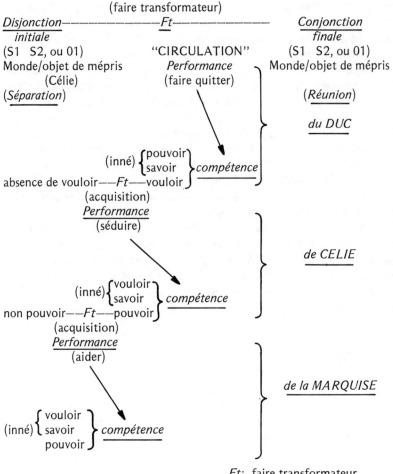

*Ft*: faire transformateur
distribution syntagmatique
implication logique

## TROISIÈME PARTIE


## LE JEU DU FURET:

## CIRCULATION, CONTAGION

# Introduction

Alors que le décor propre au roman du XIX$^e$ siècle regorge d'objets dont la signifiance relève du domaine causal ou symbolique, le décor crébillonien s'impose au lecteur par sa stricte fonctionnalité. Mis à part les contes parodiques—*L'Ecumoire* ou *Ah, quel conte!*—où les descriptions-inventaires reprennent, pour la tourner en dérision, l'esthétique "festons et astragales" chère au romanesque ou au merveilleux en vogue au siècle précédent, le récit crébillonien tend à restreindre le décor. De rares objets, soigneusement disposés, se détachent sur un fond neutre: des fauteuils, une table à jeu, une cheminée, selon que la saison le commande, et, pour les ébats amoureux, l'indispensable accessoire, lit, sopha, chaise longue.

Ces objets fixes sont autant de relais ponctuant les parcours physiques et psychologiques de protagonistes dont ils contribuent en même temps à affirmer la corporéité, car ces éléments d'un décor schématique rappellent au lecteur que les voix qui lui parviennent émanent d'individus "de papier," certes, mais qu'on ne saurait réduire à n'être que les termes abstraits d'opérations algébriques.

Mais bien plus qu'il ne contribue à l'effet de réel, l'objet crébillonien est doté d'une fonction qu'Henri Lafon a définie avec précision:[1] cet objet apparaît surtout "lorsqu'il a un rôle médiateur à jouer dans la communication prise au sens sémiotique entre les personnages,"[2] dans les échanges de tous ordres qui s'instaurent entre eux. Pas plus au niveau du décor qu'à celui de la grammaire narrative ou de l'économie, le système de Crébillon n'admet de déchet. Les objets n'interviennent ici que pour mettre en relief soit les circonstances particulières à une situation donnée, soit, par le message que constitue leur seule présence et par le biais de la connotation, certains indices susceptibles de renseigner les acteurs eux-mêmes, mais destinés en dernier ressort à éclairer le lecteur. L'indice parle ou trahit. Il permet également, dans le cadre de l'activité de lecture, de débrouiller l'écheveau d'intérêts, de désirs, voire de relations, que le texte propose à la sagacité du lecteur. A l'objet incombe alors une double fonction au sein de la logique du récit. Tantôt, par une justification rétrospective, sa présence vient en renforcer la vraisemblance. Tantôt cette même présence contribue, en une justification prospective, à susciter une multiplicité de possibles narratifs, l'objet devenant alors "objet proleptique" véritable.

Cessant d'être des icones, de muets témoins limités à la dénotation du réel, les choses vont intervenir en tant qu'acteurs, à la fois adjuvants et opposants de l'actant sujet, dans la mesure où elles facilitent l'exposition du moment. Car tout lieu clos où s'instaure la co-présence de deux sujets de sexes opposés et complémentaires s'avère bientôt fonctionner comme une machine dont les rouages entraîneront les intéressés à leur terme prédestiné.

Telle est, dans *Le Hasard du coin du feu*, la fonction assignée à certaine chaise longue et certain fauteuil. Les climats et les humeurs y interviennent également dans la concaténation syntagmatique: si le froid fait obstacle à certains déplacements—dans l'ordre social et/ou mondain—il en favorise d'autres, assurant ainsi la formation de "constellations positionnelles" variées.[3] A l'étude de ces objets ou phénomènes propres à l'univers physique, naturel ou forgé par la main de l'homme, le chapitre qui va suivre s'efforcera d'adjoindre une double analyse de la fonction du langage dans le dialogue considéré. On partira de l'idée que si, comme on va le voir, les meubles ont un langage, libérant un signifié qui leur est immanent, la parole mondaine—le "small talk"—fait elle-même partie constituante de l'environnement immédiat des protagonistes, et n'est autre qu'une "conversation d'ameublement" qui participe, elle aussi, du décor proprement dit.

Le premier chapitre traitera par conséquent des rapports qui s'établissent entre les trois protagonistes du *Hasard* et le décor au sein duquel ils s'inscrivent. On s'efforcera d'y dégager un "système des objets" qui fournirait son articulation au dialogue, et ce tant au point de vue dynamique (fonction causale pure, au niveau du récit) qu'au point de vue statique (fonction thématique et structurale, au niveau du discours narratif). C'est-à-dire qu'on déterminera, d'une part, le système intradiégétique, en tant qu'il correspond au lieu fixe des actions des trois acteurs, en même temps qu'on établira dans quelle mesure certains éléments du décor contribuent à relancer une action qui relève à la fois du verbal et du non verbal. On tentera enfin de dégager selon quelles modalités ce premier système vient s'intégrer dans cet autre système, mouvant, que forme *Le Hasard* tout entier, considéré cette fois en tant qu'espace logique fondé sur les rapports s'établissant entre les unités signifiantes qui l'articulent.

# Chapitre I

## LE HASARD DU COIN DU FEU: ÉTHIQUE, LOGIQUE ET TEMPÉRATURES

Conformément à la tradition théâtrale, *Le Hasard* est précédé d'une liste de ceux que Crébillon désigne comme "interlocuteurs," et dont l'existence même, juxtaposée à l'utilisation de ce terme particulier, révèle dès le départ l'un des éléments de paradoxe propre à l'œuvre dont va s'engager la lecture. Nature paradoxale—au niveau du genre choisi—que renforcera encore la présence d'indications scéniques détaillées, et ce en contradiction avec les pratiques courantes de l'époque, mais que justifie précisément l'absence de réalisation scénique concevable d'un dialogue non destiné au théâtre. Préfigurant à bien des égards les indications de régie dont Diderot, premier prototype de l'auteur-scénographe, se fera plus tard une spécialité, les éléments de description fournis par ce "tableau d'ouverture" sont bien plus abondants que ceux que dispense *La Nuit et le moment*. Alors que l'éditeur s'y contenait de préciser que "la scène y [était] à la campagne, dans la maison de Cidalise," la description du "lever du rideau" imaginaire du *Hasard* est assez précise pour que le lecteur dispose en son théâtre intérieur les éléments du décor aussi bien que les positions respectives des deux actrices en scène, Célie et la Marquise.

La précision est d'ailleurs loin d'être neutre: l'éditeur y rappelle immédiatement sa présence au lecteur, tout d'abord par l'utilisation d'un déictique, assorti à son tour d'une circonlocution: "L'action se passe presque toute dans *une de ces* pièces reculées, *que l'on nomme* boudoirs" (*Has.*, p. 152; c'est nous qui soulignons). Tout en manifestant sa présence, l'éditeur souligne ici son absence de responsabilité dans le cadre de l'activité de dénomination qui lui incombe. Refus d'engagement qui fait également planer le doute sur la nature et la destination réelles du local en question, mais que vient cependant partiellement invalider la description subséquente de Célie: "Elle est en négligé, *mais* avec toute la parure et toute la recherche dont le négligé peut être susceptible" (ibid.; c'est nous qui soulignons).

Dès l'abord, le narrateur-éditeur révèle le jeu qui va être le sien tout au long de l'œuvre. Tantôt prenant ses distances vis-à-vis de son énoncé, tantôt au contraire l'assortissant de précisions particulières, il signale dans les deux cas que le dialogue dont le lecteur se dispose à prendre connaissance lui parviendra "filtré" par une voix narrative-relais, écran narratif voué aussi bien à l'éclaircissement qu'à un voilement ayant pour suprême manifestation le gazage.

La mise en place introductive révèle la présence d'un sème premier d'intimité que concourent à mettre en valeur le lieu de l'action, la position couchée et l'habillement de Célie, et que renforcent encore la présence et la proximité du foyer. Apparaît bien vite cependant, entre Célie et sa visiteuse, une série d'oppositions qui les constituent peu à peu en figures antithétiques l'une par rapport à l'autre. Soit:

Célie:
> 1. Position couchée. Le sème évident est l'intimité; les autres sèmes possibles sont: la maladie ou la convalescence (isotopie du corps, clinique), la nonchalance (isotopie morale), la "belle inertie" (isotopie plastique).
> 2. Couverture, protection contre le froid sous des couvre-pieds d'édredon.
> 3. Eloignement par rapport au feu.
> 4. Coquetterie: "Toute la parure et toute la recherche . . . ."

La Marquise:
> 1. Position assise.
> 2. Ecran: "un grand écran devant elle," protection contre le feu.
> 3. Proximité par rapport au feu ("au coin du feu").
> 4. Poste apparemment non marqué. Le texte est muet sur son costume, mais précise son activité: elle brode au tambour.

On peut mettre en opposition les traits pertinents de 4: coquetterie (paraître-état) et activité-industriosité (faire-procès) en fonction de la terminologie de base fournie par l'approche sémiotique. On notera que l'inactivité de Célie, prise isolément, n'est pas susceptible de se charger de connotations. Toutefois, si, conformément à l'analyse d'Henri Lafon, le décor peut intervenir chez Crébillon "pour opposer des caractères et des statuts différents dans la même société,"[1] et si le métier à broder de la Marquise, tel celui de la Madame de Lursay des *Egarements*, connote une maturité grave assortie de respectabilité, le recours à l'antithèse permet alors de situer Célie dans la zone opposée de la liberté des instincts et de l'indécence possible.

Ajoutons que la broderie, activité productive, n'en est pas moins susceptible de revêtir un caractère spectaculaire dans la mesure où l'on ne brode
pas pour soi, mais pour le regard des autres. Le "tambour" sert alors d'écran,
il intercepte les regards et les jugements d'autrui en même temps qu'il assure
à celle qui le manie un poste d'observation discret et privilégié. D'observa-
trice, la brodeuse peut se faire machinatrice: on a pu voir en elle la patience
et l'industrosité d'une araignée secrétant patiemment les fils d'une intrigue
à venir, et sa postérité sera nombreuse dans la littérature du XIX$^e$ siècle.[2]

A la femme au tambour s'opposerait la belle inactive ou, par un raffine-
ment supplémentaire, celle dont l'activité se désigne elle-même comme
essentiellement futile: la "faiseuse de nœuds," dont l'activité est à celle de
la brodeuse ce que pour Marivaux le négligé est à la nudité même: un "honnête équivalent."[3] Si la broderie révèle ou dissimule la femme, selon qu'elle
est sage ou hypocrite, aux regards du public, son inactivité—ou l'activité
codifiée des "nœuds"—l'expose comme proie possible et toujours consen-
tante aux yeux de l'homme et du monde dont il est l'émissaire. On brode,
on tisse contre soi et/ou les autres; on fait des nœuds, ou l'on ne fait rien,
pour soi et pour *l'autre*, c'est-à-dire l'homme.

Si l'on évoque le passage des *Egarements* où le novice Meilcour manque
de profiter de l'occasion que lui fournit Madame de Lursay, de brodeuse
métamorphosée pour la durée de l'entretien en faiseuse de nœuds, de lui
faire une déclaration en règle, on voit que la naïveté du héros est encore
plus grande qu'elle ne le paraît au premier abord: "—Vous faites donc les
nœuds, Madame, lui demandai-je d'une voix tremblante. A cette intéressante et spirituelle question, Madame de Lursay me regarda avec étonnement . . . ."[4] Etonnement compréhensible, puisque l'oisiveté de la dame,
rendue encore plus évidente par l'activité qui la représente, devrait être
pour Meilcour un indice de complète disponibilité. Et que poser la question, c'est en même temps y répondre . . . .


Telle est donc l'antithèse quasi-parfaite qu'établit l'introduction, le
pré-texte du dialogue. Elle porte sur l'apparence des deux femmes, sur
leurs positions, leurs attitudes, mais aussi, par le biais de la connotation,
sur leurs personnalités respectives, c'est-à-dire en fait sur le possible de leurs
conduites passées et à venir. On observera cependant que le poste 2 combine
deux relations, soit une relation antithétique (chaud/froid), coiffée par une
relation d'identité: les deux femmes partagent un même sème, celui de protection, de couverture, contre le froid et à l'aide d'un édredon pour Célie,
contre le feu et à l'aide d'un écran pour la Marquise. De fait, chacune d'elles
est fixée dans une zone antithétique à l'autre, mais partageant avec elle le
sème commun d'excès. Il fait trop froid du côté de Célie, excessivement

éloignée du feu, trop chaud du côté de la Marquise, pour la raison inverse. A quoi l'on ajoutera que proximité aussi bien que distance sont ici relatives, le facteur essentiel consistant en un foyer impuissant à distribuer dans la pièce une chaleur uniforme et tempérée.

On ajoutera que l'opposition entre chaleur et froid fait l'objet d'un dédoublement accompagné d'enchâssement: l'antithèse Célie-froid/Marquise-chaleur est à son tour englobée dans le premier terme d'une antithèse opposant cette fois la chaleur et l'intimité du boudoir de Célie au froid hivernal de l'extérieur.[5]

Bien vite d'ailleurs la position des termes froid/chaud et leur opposition vont passer du champ d'une description confiée au narrateur-éditeur à celui du discours réservé aux protagonistes eux-mêmes. Discours où la dénotation pure et simple a bien évidemment sa place, ainsi qu'en témoigne l'arrivée du Duc, de retour de Versailles:

LE DUC—. . . . pour vous faire plaisir, j'approcherai du *feu*.
CELIE—. En effet, il doit être *gelé*.
LE DUC—. Ah parbleu! toutes les pelisses du monde ne garantiraient pas du *froid* qu'il fait aujourd'hui: il est tel que je ne crois point, la fameuse et terrible nuit de la retraite de Prague, en avoir essuyé un plus vif.

(*Has.*, p. 169; c'est nous qui soulignons)

Comme il a occasionné le retard mis par le Duc à rejoindre la Marquise, le froid va mettre Célie à l'abri de toutes visites intempestives et favoriser l'occurrence du moment. A côté donc de la fonction d'ameublement qui lui incombe dans le cadre de la conversation, le texte met patiemment en place les éléments discursifs qui, une fois assemblés, rendront possible l'actualisation de son rôle causatif dans le cadre des épreuves que l'on sait.

Le discours narratif ne laissant rien au hasard, une lecture attentive fait ressortir la présence de parallélismes fondés sur la répétition de cellules déclaratives. C'est ainsi que la dernière réplique de l'échange précité sera reprise dans deux contextes différents, la référence à la retraite de Prague introduisant et justifiant l'homologie guerrière de la p. 210,[6] et la réflexion sur les pelisses impuissantes à garantir du froid exposant le motif fondamental de la couverture insuffisante, lequel, repris à la p. 246 en un instant crucial du récit, justifiera que nous y revenions plus en détail.

L'opposition entre chaleur et froid se raffine bien vite par l'introduction de l'emploi figuré des termes qui les désignent, tout particulièrement dans le sens conventionnel que leur confère la tradition pétrarquiste et post-pétrarquiste du discours amoureux. D'une façon significative, c'est à la Marquise qu'incombe l'exposition du thème. D'Alinteuil, son ancien amoureux transi, à présent favorisé par Madame de Valsy, vient de quitter le boudoir de Célie et s'est immédiatement mis en route pour Versailles: "Dès la nuit dernière à Paris, et ce soir auprès d'elle? Je croyais que rien ne pouvait égaler le froid qu'il fait aujourd'hui, mais je vois qu'on pourrait très bien y comparer le feu qui brûle" (*Has.*, p. 156). La réplique amorce une tendance à mettre en regard deux termes, dont l'un relève de la sphère du cosmologique, de l'univers physique, et dont l'autre, traditionnellement affecté à ce même univers, désigne par un processus métaphorique un élément du noologique, de l'univers moral ou affectif des valeurs-qualifications. La Marquise ne pose d'ailleurs la relation antithétique entre chaleur et froid que pour mieux la nier, puisque, si l'on considère les intensités respectives du froid réel et du feu métaphorique, ceux-ci s'équivalent. La structure antithétique se combine une fois de plus avec une relation qui relève d'une homologie articulée sur l'excès—soit:

froid réel extrême (excessif) : univers physique :: feu
métaphorique extrême (excessif) : cœur et corps de D'Alinteuil

La permutation doublée d'équivalence réapparaît d'ailleurs, assortie des mêmes sous-entendus ironiques, dans une autre réplique de la Marquise, relative cette fois au Duc son amant et à D'Alinteuil:

Il est vrai que, tout admirable qu'il [D'Alinteuil] est, je puis dire que j'en ai sur moi copie, car par le *même temps* qu'il va rejoindre Madame de Valsy, Monsieur de Clerval vient me retrouver. (*Has.*, pp. 156-57; c'est nous qui soulignons)

La pauvre opinion qu'a la Marquise du "feu" dont brûle D'Alinteuil était déjà lisible dans le caractère convenu de la métaphore à laquelle faisait recours sa première constatation. Elle s'affirme encore dans l'excès d'ingéniosité—volontairement assumé par la locutrice—des deux figures comparatives prises dans leur totalité. Au jeu logique sur le plus, le moins et l'égal, que subtilise encore le recours à l'antiphrase—"tout admirable qu'il est"— dans la seconde citation, s'ajoute un jeu sur les signifiants, lequel porte soit sur le passage du propre au figuré dans la première citation, soit, dans la deuxième, sur les deux sens possibles d'un même mot: le *temps*, c'est à la fois l'instant prélevé dans la durée, mais aussi le temps météorologique et le retour de D'Alinteuil à Versailles sera aussi ardu que celui de Clerval à Paris.

La Marquise ne va pas tarder à manifester sa méfiance à l'égard d'une autre figure ignée et de ce qu'elle recouvre, le "coup de foudre" dont Célie s'est fait l'ardent défenseur:

Il me semble, de plus, qu'il en est des coups de foudre comme des revenants. On ne voit de ces derniers, et l'on n'éprouve les autres, qu'autant qu'on a la stupidité de croire à leur existence. (*Has.*, p. 158)

Le coup de foudre existe, mais il est "infiniment plus rare qu'on ne le dit" (ibid.), et le Duc partage sur ce point l'opinion de la Marquise: "Madame de Valsy y est sujette et quand ce serait un mal de famille, je n'en serais pas bien étonné: il y a des races si malheureuses" (Has., p. 172). La référence aux "races malheureuses" paraît assimiler le coup de foudre amoureux à un équivalent érotique du feu vengeur du Dieu biblique, dont le châtiment s'étendrait sur des générations successives; elle s'insère par ailleurs dans une intéressante relation de parallélisme-opposition avec le feu prométhéen attesté par le texte,[7] et dont la transmission permettra au Duc de remporter sur Célie, en lui faisant manifester sa jouissance, son épreuve principale. Si la métaphore usée du coup de foudre constitue pour celles qui s'en font les championnes un alibi ou une couverture de pulsions moins nobles, le feu prométhéen dont le Duc se considère comme légataire est au contraire révélateur au plus haut degré: il *brûle les masques.*

Deux feux métaphoriques s'opposent ainsi l'un à l'autre, l'un porteur de mensonge, l'autre de vérité, mais aussi deux métaphores dont l'une masque et l'autre démasque. De plus, à la figure ressassée, remâchée, s'oppose la création de tropes originaux, tirant leur efficacité de la fraîcheur de leur contenu et surtout de l'inattendu de leur occurrence. Clerval et la Marquise n'éprouvent que méfiance pour le cliché, tant dans la sphère de la conversation que dans celle de la morale. C'est donc toujours avec un recul certain et, si l'on peut dire, en les italicisant, que l'un et l'autre utilisent les termes figurés du vocabulaire amoureux traditionnel. Ainsi, et selon le Duc, M. de R., victime d'un chassé-croisé libertin, "en est réduit à sécher dans les feux et dans les larmes" (Has., p. 175)—feux et larmes dont la sincérité vient d'être évaluée à sa juste valeur. C'est encore Clerval qui, considérant d'un œil railleur son erreur de jeunesse avec Madame d'Olbray, recourt une fois de plus, pour ce qui, de son propre aveu, ne relevait que de l'indécence et de la nature, au mot-cliché: "Je serais mort de ma flamme plutôt que de l'en instruire" (Has., p. 192).

On a déjà vu comment, en l'intégrant dans une figure rhétorique complexe, la Marquise rendait de sa fraîcheur au vocable "feu," en même temps qu'elle se livrait à un commentaire ironique tant sur la valeur de son référent que sur sa propre ingéniosité à manier les subtilités du discours. Il existe chez les deux amants une volupté liée à l'inattendu de la figure, et dont témoignent en particulier les comparaisons animales auxquelles recourt le Duc pour décrire les membres de la cour, objets de sa médisance: soit le petit Frécourt, "méchant déjà comme un aspic" (Has., p. 173), soit encore Madame de Sprée, "cette grande femme . . . avec qui Frécourt avait tout à fait l'air d'une mouche qui se serait établie sur un colosse" (pp. 172-73). Versailles est définitivement—et paradoxalement—situé du côté de la nature, face à une Ville que l'utilisation de la parole ironique constitue comme le lieu culturel par excellence.

Ce plaisir "du discours" doit par ailleurs être pris au sens benvénisten, dans la mesure où il s'oppose à la méfiance dont témoignent les deux amants vis-à-vis du récit-histoire (tous deux répugnent à se raconter), mais surtout à l'emprise que ce dernier exerce au contraire sur Célie: son désir du récit, au niveau de la narration comme à celui du vécu, se double (logiquement) d'une extrême répugnance pour tout ce qui relève de la dissertation (*Has.*, pp. 241, 246-47). Et sa défaite consistera partiellement en ce que, souhaitant qu'on se raconte à elle, et "avec elle," elle est quasiment forcée de se raconter, véritablement métamorphosée au terme du dialogue, et, pour reprendre les termes de Todorov, en "femme-récit," vouée à la circulation ininterrompue que l'on sait.

Face aux figures imposées par la grammaire invariable du récit libertin, le Duc et la Marquise ont choisi les figures libres d'un discours dont ils sont tous deux les maîtres et les créateurs. De cette maîtrise témoigne un terme métaphorique, crucial, forgé par la Marquise elle-même dans le cadre du débat didactique sur l'amour qui, dans la première scène, l'oppose à Célie. La Marquise soutient d'abord qu'aux yeux de la femme qui se respecte, "de tous les bonheurs que l'amour peut lui offrir, le premier, le plus essentiel, le moins idéal, est le bonheur d'être estimée de son amant" (*Has.*, p. 159). Le passé, la réputation libertine de Clerval ont tout d'abord fait hésiter la Marquise, hésitation dont elle rend compte, conformément à la distinction fondamentale entre goût et tendresse, en opposant deux adjectifs consacrés par la casuistique amoureuse: "quoiqu'il parût fort amoureux, il se pouvait qu'il ne fût qu'ardent et qu'il s'y trompât lui-même" (p. 164). Tranquillisée par les preuves d'estime qu'il lui a fournies, elle s'est rendue à lui, aux conditions que l'on sait: assurée de sa constance, elle lui permet l'infidélité: "et si j'ai vu Monsieur de Clerval revenir quelque fois à moi un peu éteint,[8] je ne l'en ai pas moins retrouvé fort tendre" (p. 165). En d'atures termes, le Duc, ayant épuisé son ardeur—c'est-à-dire son goût—ailleurs, dans le cadre d'une infidélité permise, revient à la Marquise "à bonne température," à la fois porteur et conducteur de la chaleur restreinte, égale et tempérée, qui, dans le référent intradiégétique, fait si inconfortablement défaut au boudoir de Célie. On voit que le système éthique et rhétorique de la Marquise récuse la validité du système pétrarquiste, où le feu métaphorique est à la fois désirant et désiré, ou tout au moins qu'il le refond en affectant ses termes de référents autres. C'est que l'ardeur fugitive et excessive des désirs est à la fois substitut paradigmatique et précurseur syntagmatique d'un froid figuré qui n'apparaît pas explicitement dans *Le Hasard*, mais qu'atteste *La Nuit et le moment*: "Je l'ai haïe sans doute, et avec une violence qu'il me serait difficile de vous exprimer, mais il ne me reste plus à présent pour elle que ce *mépris froid* et paisible . . ." (*Nuit*, p. 20; c'est nous qui soulignons). Autrement dit, le mépris suit inéluctablement l'excès de chaleur que constitue soit l'abandon à une tendresse inauthentique, soit—mais on sait que cela revient rétroactivement au même—le goût pur auquel on a donné satisfaction. Sans doute retrouve-t-on ici la figure oxymoronique traditionnelle du feu qui gèle ou du froid qui brûle, mais, détachée de toute idée de frustration amoureuse, elle exprime ici l'étroite connection entre éthique et rhétorique—les tropes, comme les travellings cinématographiques, sont affaire de morale.

Désir-goût et mépris étant indissociables, l'excès de froid ne tarde pas à succéder à l'excès de chaleur; bien plus, le second contient déjà le premier à l'état potentiel.[9] L'heureuse relation d'implication entre estime et tendresse dépend au contraire d'une réduction de calorique qui seule rend possible la durée de la relation amoureuse. L'indication scénique dépeignant la Marquise "assise au coin du feu, un grand écran devant elle," avait donc valeur symbolique: menacée par la contiguïté excessive d'un feu littéral autant que figuré, la Marquise doit, pour le réduire à n'exercer que des effets bénéfiques—réchauffer sans brûler—interposer entre elle et lui un *écran* dont nous allons à présent rendre compte de façon plus détaillée.

On remarquera tout d'abord que la réflexion de la Marquise, reprise par l'éditeur à la dernière ligne du récit, joue non seulement sur deux signifiés, mais aussi sur les deux signifiants qui les recouvrent, soit *tendre* et *éteint*, participe passé du verbe *éteindre*. *Tendre* apparaît alors comme le produit, par abaissement de la nasale et suppression de la voyelle initiale, d'*éteindre*.[10] Aux deux termes de ce couple il serait tentant d'en adjoindre un troisième, *étendre*, ou *s'étendre*, qui s'insérerait alors dans la structure antithétique posée dès le départ entre l' "être assise" de la Marquise et l' "être étendue" de Célie; le texte manifeste n'attestant pas l'utilisation du terme, puisque Célie y apparaît toujours "couchée" et non "étendue," mieux vaut résister à la tentation. Il est cependant un terme crucial et qui résume toute la dernière partie du dialogue dans l'optique particulière à la Marquise: c'est le verbe *attendre*, attesté dans le congé qu'elle prend de son amant, ouvrant ainsi sa propre épreuve glorifiante:

> Mais adieu, laissez-moi partir, passez chez moi tantôt; j'y serai, selon toute apparence, rentrée longtemps avant que vous y arriviez, mais je vous y *attendrai* sans humeur, parce que je sens bien que, de la façon dont les choses se sont arrangées, vous ne sauriez, aussitôt que vous le voudriez, quitter Célie. (*Has.*, p. 187; c'est nous qui soulignons)

Bien plus, cet *attendre* a joué un rôle non négligeable dans les aventures passées de Clerval: contrairement à ce qu'il lui avait semblé, sa première conquête ne l'avait pas "attendu" pour prendre un premier amant (*Has.*, p. 193); d'autre part, on sait qu'engagé dans une liaison ultérieure, fondée sur le goût, il lui avait fallu attendre pour procéder à la rupture finale et recouvrer sa liberté.[11]

Ainsi s'atteste la présence d'un complexe signifiant attendre-éteindre-tendre, dont les termes sont par ailleurs reliés les uns aux autres par un rapport de causalité: c'est parce qu'elle consent à attendre le Duc que la Marquise le retrouve tendre, et l'on peut, dès à présent, se demander si leurs retrouvailles ne sont pas la conséquence de l'éteindre (concomitant de l'attendre) qui les a précédées: attendre-éteindre, équivalent temporel de l'écran protecteur dont on a déjà souligné la valeur symbolique.

Passons au troisième sommet du triangle amoureux: Célie. Les deux zones caloriques antithétiques et complémentaires qu'occupent les deux femmes au début du dialogue coïncident-elles à leur tour avec deux champs de signification, dont chacun s'intégrerait à l'opposition-identité, déjà dégagée, entre excès de chaleur et excès de froid figuré? Célie, installée dans la zone du froid, serait alors en même temps située dans celle d'un mépris dont la protégeraient mal des "édredons" dont la nature resterait à identifier.

La conversation qu'en l'absence de Célie le Duc se ménage avec la Marquise, confirme l'impression que le débat de la scène 1 avait pu laisser au lecteur; Célie ne doit d'avoir conservé une partie de sa réputation sociale et mondaine qu'à une double couverture: la mort "romanesque" de Prévanes[12] et le commerce que la Marquise persiste à entretenir avec elle. Au cours de cette même conversation, c'est d'ailleurs la Marquise qui fait partiellement glisser la couverture susmentionnée, révélant pleinement Célie au lecteur en même temps qu'elle achève de la dévoiler au Duc: tous deux savent à présent que

Célie, charmante par la figure, avec de l'esprit, ne pensant peut-être point dans le fond absolument mal, n'en est cependant pas plus faite, par son excessive légèreté, pour s'attacher un honnête homme. (*Has.*, p. 182)

La scène cinquième et dernière prouvera le bien-fondé de cette affirmation, mais pas avant qu'à la séquence "renseignement" dévolue aux deux amants n'en ait succédé une autre, incombant cette fois à l'éditeur du dialogue lui-même:

Comme il y a des lecteurs qui prennent garde à tout, il pourrait s'en trouver qui seraient surpris, le temps étant annoncé si froid, de ne voir jamais mettre de bois au feu, et qui se plaindraient avec raison de ce manque de vraisemblance dans un point si important. (*Has.*, p. 188)

Et l'éditeur d'expliquer que Célie, laissée seule dans son boudoir, en a précisément profité pour faire "raccommoder" son feu. Pourquoi cette intervention de la voix narrative? C'est, apparemment, le souci de se justifier aux yeux des défenseurs du vraisemblable qui l'incite à se manifester en ce point du récit. Le ton marie cependant l'insolence à l'insistance grave, et l'ironie est évidente: "avec raison" aussi bien que "si important" doivent se voir reconnaître une valeur antiphrastique, que rend encore plus sensible la lourdeur voulue du redoublement rhétorique. De fait, si l'éditeur feint d'accorder une concession à des partisans supposés tant du vrai ("ceci est vrai, lecteur") en faveur dans le genre romanesque propre au XVIIIe siècle, que d'un vraisemblable hérité du classicisme traditionnel, c'est pour mieux les renvoyer, moqueusement, dos à dos.

Le procédé rappelle celui dont le narrateur fait usage au début des *Egarements*, où, sous couvert de rejeter dans un passé relativement lointain les mœurs qu'il s'apprête à décrire, il en revendique mieux la contemporanéité.[13] De la même façon l'intervention ici considérée joue un rôle important en ce point du récit, dans la mesure où elle contribue, à trois titres différents, à renforcer la logique du discours narratif.

En premier lieu, et dans le cadre de la logique narrative rétrospective, le détail fourni contribue à motiver l'absence de Célie du "lieu de la parole" en même temps que la possibilité d'une conversation privée, où se combinent les fonctions lutte et renseignement, entre le Duc et la Marquise.

D'autre part, et dans le cadre d'une logique narrative prospective, il justifie le déroulement à venir, entre le Duc et Célie, d'une conversation ininterrompue, et réaffirme, au niveau des connotations, le sème "intimité": les deux interlocuteurs seront protégés par une double barrière contre toutes incursions possibles, puisque le froid extérieur les met à l'abri de visites intempestives en même temps que le feu raccommodé les isole vis-à-vis de la domesticité de la jeune femme.

Enfin, et c'est là le point le plus important, l'intervention de l'éditeur remplit une double fonction: elle rappelle la thématique déjà posée dans la première partie du dialogue; elle annonce d'autre part, sous le masque de l'ironie, le rôle primordial qui va incomber, sur l'axe des substitutions, au feu et à ses équivalents au sein de la séquence qu'elle introduit. C'est précisément aux lecteurs "qui ne prennent pas garde à tout" qu'est destinée l'adresse: sous couvert d'attirer l'attention sur un point que l'insistance jouée du narrateur désigne précisément comme secondaire, elle les oblige, ne serait-ce qu'à un niveau quasi-subliminal, à considérer un élément fondamental du jeu textuel. Enfin, ce même jeu dévoile pour la première fois son double champ d'exercice; ce jeu textuel est à la fois celui qui, à l'intérieur du narré, va s'établir entre les deux protagonistes, mais aussi le jeu avec le texte qui, dans le cadre du procès de narration, s'institue à présent entre narrateur et narrataire. Et dans les deux cas s'affirmera au niveau de la praxis une double structure paradoxale et fondatrice d'ironie: on découvrira pour mieux couvrir—on montrera pour mieux cacher, on déniera pour mieux affirmer.

Dans le combat qui s'engage, chacun des deux acteurs va s'efforcer d'amener l'autre à se dénuder tout en restant soi-même à couvert. Le Duc est tout d'abord doublement vainqueur: dans le domaine du récit, tout en restant évasif sur son propre compte, il amène Célie à lui fournir une relation détaillée de sa première aventure; dans le champ du discours, il restreint ses contributions au débat déguisé, à la sphère peu dangereuse des lois générales, ou des conduites possibles ou vraisemblables. En s'en tenant à la profération de maximes, généralement à la troisième personne (indéfinie ou plurielle), il se met à l'abri de tout investissement personnel dans les énoncés qu'il émet. Célie perd sur les deux tableaux: elle a fourni un récit sur le mode du "je" sans recevoir en échange un discours sur le même mode.

On sait que le récit de sa première chute représente, au point de vue de la grammaire narrative qui le génère, une mise en abyme exemplaire du dialogue tout entier. Bien plus, il comporte plusieurs éléments qui l'intègrent étroitement dans la thématique propre au récit enchâssant. Après avoir subi l'assaut de Norsan au cours d'une "aventure de carrosse" et lui être échappée à grand-peine,[14] Célie, obsédée par le libertin, décide de lui fermer sa porte et tente de se dérober à ses assiduités. Peine perdue: "je fus tout d'abord assiégée de lettres de sa part, et ne pouvais porter la main sur quoi que ce fût qui n'en renfermât ou n'en couvrît une: il m'en descendait jusque par la cheminée" (*Has.*, p. 111). Le récit enchâssé affirme, lui aussi, la stabilité de la triade feu-désir-discours, ainsi que du couple verbal de base couvrir /découvrir. En une parodie du coup de foudre si cher à Célie et à ses semblables,[15] ce sont à présent les mots-désirs du séducteur qui tombent sur elle par le tuyau de la cheminée. Il est en effet des "races bien malheureuses," et le Duc élaborera avec plaisir sur le thème que Célie lui a si imprudemment fourni lorsque celle-ci lui relatera l'irruption, dans sa chambre, d'un Norsan déguisé en "grison" et qu'ils débattront des avantages respectifs du mépris et de l'insolence dans la stratégie de la séduction:

Le DUC—. Et lui auriez-vous pardonné de même . . . de n'avoir adouci le plus farouche de tous les suisses; de n'avoir transformé des ramoneurs en grisons, ou des grisons en ramoneurs . . . . (*Has.*, p. 216)

Célie, trahie par ses domestiques, l'est surtout par ce feu qu'elle entretient si soigneusement et tout ce qui touche à lui. La cheminée, normalement lieu de l'ascension d'un feu et d'une fumée réels, laisse tomber, par l'entremise des ramoneurs à la solde du libertin, une ardeur métaphorique en une image dont on peut se demander, de par les sous-entendus érotiques propres au ramonage, à quel point elle ne constitue pas une insolence déguisée à l'adresse de la jeune femme.[16]

La lutte entre le désir du récit et le non-désir du discours-dissertation se résout temporairement par la victoire du Duc, et la conversation achoppe, au grand dépit de Célie:

LE DUC—. Ma foi! Vous êtes bien la seule qui, depuis que j'existe, m'ayez pris pour un raisonneur.
CELIE—. Si cela est, on est bien loin de vous rendre justice; . . .

(Has., p. 246)

En d'autres termes: vous parlez bien de ce qui n'est pas vous, "les uns, les autres" (p. 238), la Marquise (p. 241), Prévanes (p. 242), mais en refusant de parler de vous-même, vous n'agissez pas et me contraignez à une inaction qui m'irrite. La phrase est ponctuée par un point-virgule, dont la présence indique qu'aucune solution de continuité n'intervient entre ce qui le précède et ce qui le suit. Or, ce qui le suit, c'est, sans transition, la question: "mais comment va notre feu?" où le possessif "notre" renvoie sans doute au désir d'aborder un terrain enfin déblayé de dissension. Cette question équivaut à un aveu d'impuissance: comme les lois de la bienséance exigent que la conversation se maintienne, on choisit le sujet le plus anodin en apparence, fourni par le premier référent venu qui viendra ainsi meubler, dans le cadre d'un entretien purement phatique, un silence inopportun. En vain, car cet "entretien d'ameublement," lui-même centré sur un élément du décor, vire immédiatement à la lutte, compte tenu d'une nouvelle divergence d'opinions:

CELIE—. . . . mais comment va notre feu?
LE DUC—. A merveille.
CELIE—. Quoi? il n'est pas tombé?
LE DUC—. Il est au contraire très ardent.
CELIE—. Il faut donc que le froid augmente. Je me sens gelée!
LE DUC—. Avec tout l'édredon qui vous couvre?
CELIE—. D'un air sec et railleur. Oui, avec tout cet édredon-là, j'ai froid. Cela ne se peut-il pas, à la rigueur, sans blesser ni préjugés ni principes?

(Has., p. 246)

Exemple frappant de sous-conversation où le caractère anodin des propos de surface masque imparfaitement un nexus de significations particulièrement dense. Cet échange d'opinions tend à rompre avec une matière dont la discussion précédente, impuissante à la résoudre, semblait également impuissante à se détacher: les lois de l'amour, du désir, de la décence, ainsi que leur application concrète. Cependant, par une seconde rupture logique,

symétrique et opposée à la première, on revient bien vite au rapport d'antagonisme initial.

En changeant de sujet, était-on véritablement parvenu à parler d'autre
chose? En ce point du dialogue, les signifiants, et pariculièrement des signifiants tels que "feu," "froid" et "couvrir," sont par trop saturés de signifiés
multiples, leur polyvalence sémantique est par trop forte pour que leur
maniement n'en soit pas devenu périlleux. A ces trois vocables se joint, de
plus, le verbe "tomber," dont, sous les espèces de son synonyme "descen-
dre" nous avons déjà rendu compte, mais dont la polysémie affirme encore
plus intensément l'interdépendance du feu, du désir et de la parole: les
feux, comme les conversations,[17] sont sujets à tomber (et raccommoder le
feu, c'est également "raccommoder" la conversation, empêcher qu'elle ne
tombe à son tour); bien plus, les hommes comme les femmes sont eux
aussi susceptibles de tomber, à l'instigation du moment.[18]

Il est à présent impossible de rendre à l'entretien son innocuité mondaine, car à ce point il n'est plus de sujet ni d'objet innocent. "Comment
va notre feu?"—cet objet matériel, qui est là, que nous partageons, et qui
s'oppose si agréablement aux généralités abstraites dont vous venez de m'as-
sommer? Mais si, dans la bouche de la Marquise, l'ardeur d'un feu matériel
métaphorisait le goût physique, le mouvement ici s'effectue subreptice-
ment en sens inverse: d'une certaine façon, métaphorique et réel sont collés
l'un à l'autre; à force de recourir à des figures usées pour masquer ce qui
n'est que trop réel, on en vient à charger de significations secondes les
termes les plus simples. C'est l'instant où toute conversation anodine s'avère
impossible, mais surtout celui où le décor, en même temps que le discours
qui y réfère tout en tâchant de s'y intégrer, devient acteur à part entière.

Il ne s'agit donc pas uniquement d'un affrontement entre les sexes ou
entre le masque et la vérité, où l'ambiguïté résulterait uniquement de la
*dispositio* grammaticale et rhétorique, ou de la situation dramatique concrète. Cette ambiguïté s'exerce par surcroît au niveau des unités signifiantes elles-mêmes. Et dans la mesure où tomber constitue pour le sujet une
régression d'un culturel social à un naturel individuel, les protagonistes de
Crébillon sont en cet instant dans une situation absolument identique à
celle dont rend compte Lévi-Strauss dans le cadre d'une approche ethno-
logique:

. . . dans les mythes ayant miel pour thème, cette régression de la culture vers la nature
fait souvent appel à des procédures d'ordre métalinguistique: confusion du signifiant
et du signifié, du mot et de la chose, du sens figuré et du sens propre, de la ressem-
blance et de la contiguïté . . . . Le héros de M.388 a tort de prendre une chose pour
une autre. Somme toute il meurt . . . pour n'avoir pas compris la différence entre le
sens propre et le sens figuré (III, 63).[19]

Pris dans les rets de significations multiples, chaque interlocuteur parle à

présent de deux—voire trois—choses à la fois. Le discours sur l'environnement matériel recouvre hermétiquement et en un synchronisme parfait, un
discours sur le corps, le cœur et l'esprit.

Le Duc se fait le défenseur d'une ardeur à la fois réelle et figurée;[20] Célie
se plaint au contraire d'une sensation de froid glacial, affectant un corps
féminin dont le texte fait, pour la première fois, ouvertement mention.[21]
A cette première opposition, fondée sur la sensation directe, en succède
une autre fondée cette fois sur les lois de la thermie—et de la vraisemblance:
il n'est pas vraisemblable[22] que Célie, malgré l'ardeur du feu et la protection
de ses édredons, souffre du froid. "—Avec tout l'édredon qui vous couvre?
—Oui, avec tout cet édredon-là, j'ai froid. Cela ne se peut-il pas, à la rigueur,
sans blesser préjugés ni principes?"

Dans sa réplique, Célie juxtapose, apparemment sans logique aucune, le
particulier d'un corps régi par les lois physiques et logiques, et le général
des règles éthiques et morales. L'allusion renvoie à la tentative maladroite
faite plus haut, et par laquelle Clerval s'était essayé à démontrer que, dans
le domaine amoureux, ce qui pour Célie était préjugé pouvait être, en réalité, principe. La maladresse était double, puisque le Duc suscitait du même
coup le fantôme de la Marquise, championne convaincue des principes, et
Célie avait rejeté dédaigneusement un tel sujet de débat, sa rivale ayant
déjà "parlé là-dessus avec tant d'étendue" (Has., pp. 159-60), en fait parce
que les opinions des deux femmes sont aux antipodes l'une de l'autre. Si,
pour Célie, "se rendre promptement, se rendre tard, être estimée à cause
de l'un, méprisée par rapport à l'autre, tout cela dans le fond [est] pure
affaire de préjugé" (Has., p. 159), pour la Marquise, au contraire, "tout
préjugé, dès qu'il peut être la source ou le soutien d'une vertu, quelle qu'elle
soit, ne mérite pas moins de respect que le plus incontestable des principes"
(ibid.; c'est nous qui soulignons). Si une femme aimante—et donc faible—
est de toute façon condamnée à se rendre à la puissance de l'amour, elle
n'en réclame pas moins ce temps supplémentaire, temps de réflexion plus
que de résistance, ce temps qui, lui donnant la possiblté d'évaluer le sentiment qu'elle éprouve et les motivations qui la poussent à s'y rendre, lui
permettra de céder "avec plus de noblesse" (Has., p. 160).

On voit qu'à la discussion sur la vraisemblance dans l'application des lois
thermiques aux corps humains, succède et se superpose tout à la fois, sans
solution de continuité véritable, une sous-discussion sur la bienséance des
choix moraux et conduites concrètes. Célie lutte à ce moment précis contre
deux adversaires à la fois et sur deux champs différents: l'état du feu avec
le Duc, l'empire à accorder aux préjugés et aux principes avec la Marquise,
empruntant ici la voix de son amant. Elle lutte aussi, sans s'en douter, contre Aristote lui-même et l'application, aux conduites concrètes, des principes
esthétiques exposés par la Poétique . . . .

Le ton "sec et railleur" de la jeune femme révèle qu'elle a été touchée au vif. Que le feu qui "va à merveille" soit celui des désirs dont elle a déjà manifesté la présence, et celui dont le Duc ne va pas tarder à prendre pleine conscience, rien de plus évident. Ce qui justifie qu'on s'y attache de plus près, c'est la relation logique qui s'est instaurée, une fois de plus, entre les trois couples de base chaud/froid, désir/mépris, être couvert/être découvert. Etant donné le système de correspondance déjà dégagé, le dialogue, réécrit ainsi que suit, révèle la sous-conversation qui s'y tapit:

CELIE—. . . . mais comment vont nos désirs [notre affaire]?
LE DUC—. A merveille.
CELIE—. Quoi? Ils ne sont pas tombés?
LE DUC—. Ils sont au contraire très ardents.
CELIE—. Il faut donc que votre mépris augmente, je me sens gelée!
LE DUC—. Avec tous les faux semblants qui vous couvrent?
CELIE—. Oui, avec tout cet édredon-là [ces alibis], j'ai froid [je sens votre mépris]. Cela ne se peut-il pas, à la rigueur, sans blesser préjugés ni principes?

La dernière question fournit sa propre réponse. L'édredon avec lequel Célie s'est protégée jusque-là, ce sont les soins et la mort passés de Prévanes aussi bien que les visites présentes de la Marquise, et l'on sait qu'elle est déterminée à ne plus en faire usage. Tout ce avec quoi elle peut se couvrir à présent, ce sont les manifestations extérieures d'une décence jouée, ainsi que les égards—tout extérieurs eux aussi—que le Duc, homme poli, continue à lui manifester. Dans tous les cas, une correspondance s'établit entre un temps-durée et, dans l'isotopie corporelle, une épaisseur (celle des édredons), à laquelle s'adjoint l'influence d'un climat qui relève, lui aussi, de la dimension spatiale. Or, à ce temps-durée, temps de la réflexion féminine et du respect masculin, Célie a refusé ouvertement toute valeur propre: "se rendre promptement, se rendre tard . . . ." Comment s'étonner que des couvertures-principes dans lesquelles elle voit des préjugés ne puissent la protéger contre le froid ambiant du mépris?

On aura remarqué la façon dont, dans ce dialogue, la dimension temporelle persistant à se métamorphoser en dimension spatiale, la métonymie tend constamment, de son côté, à se résoudre en métaphore. Quant à l'alliance à la fois paradoxale et indissoluble de la chaleur et du froid excessifs, on voit que, bien avant la relecture de Laclos par Baudelaire, elle fournit au présent dialogue une armature thématique, narrative et symbolique exemplaire. Comme dans *Les Liaisons dangereuses*, le feu du désir crébillonien ne peut brûler qu'à la manière de la glace.

Ce qui est moins clair, c'est le degré de conscience et d'art volontaire entrant dans la mise en place de ce subtil réseau de significations variées et complémentaires, dans la constitution de cette complexe-polyphonie de sens multiples, liés les uns aux autres par les règles d'un impeccable sens du contrepoint. Pas plus que l'on ne sait dans quelle mesure les protagonistes du dialogue sont toujours conscients des ironies que véhiculent les plus mûrement pesés de leurs discours, il n'est possible de déterminer avec certitude ce qui, dans ce texte particulier aussi bien que dans la production crébillonienne tout entière, s'inscrirait dans une étude de manifestations de surface consciemment ménagées par l'auteur, et ce qui relèverait au contraire d'une analyse des infrastructures inconscientes du texte manifeste. A quel moment, par exemple, passe-t-on du thématique au structurel? Dans quelle mesure, d'autre part, le jeu sur les signifiants est-il totalement assumé par l'art de l'auteur, ou relève-t-il d'une activité paragrammatique qui, pour être inconsciente, n'en serait pas moins systématique?

Il semble logique que le goût témoigné par Crébillon pour l'ambiguïté à tous les niveaux aboutisse à la manipulation concertée du signifiant, laquelle pourra déboucher, ainsi qu'on le verra plus loin, sur la duplicité soigneusement entretenue de récits tout entiers. En tout état de cause, le point ci-dessus mentionné justifierait sans doute une étude d'envergure qui, consacrée en partie à la survie au XVIII$^e$ siècle des traditions marotiques et rabelaisiennes, examinerait à la lumière de celles-ci les œuvres libertines ou simplement légères du temps, en faisant un sort particulier aux membres de la Société du Caveau, dont, avec Collé, Crébillon est l'un des membres les plus illustres.


Les sections précédentes étaient consacrées à ce qui, dans *Le Hasard*, relève presque exclusivement du verbal, constitutif lui-même du dialogue littéraire. Le dialogue a atteint à présent un point où le blocage de la situation va rendre impossible toute résolution de celle-ci par un recours à la parole discursive. La maxime par laquelle le Duc, une fois de plus peu soucieux de s'engager de quelque manière que ce soit, répond à l'étonnement manifesté par Célie de lui voir "des opinions si déraisonnables," va encore accroître l'humeur de la jeune femme: "La façon de penser d'un homme est quelquefois si différente de sa façon d'agir, qu'il ne serait pas toujours bien sûr de juger de l'une par l'autre" (*Has.*, p. 247). Réponse de Normand qui non seulement ne décide rien, mais encore justifie—outre le "peut-être que oui, peut-être que non" qui l'articule—une double interprétation, selon les contenus que l'on convient de lui affecter: on peut y voir soit un "je vous désire, mais les circonstances m'interdisent de me déclarer," soit, ce qui constituerait une insolence particulièrement feutrée, un "je ne vous désire pas, vous ne me 'plaisez' pas; je lis dans votre jeu, et quoi que je pense de vous en conséquence, je n'en persisterai pas moins à vous traiter avec tous les égards extérieurs qu'exige la bienséance." "Et s'il me plaît à

moi d'être méprisée, à condition qu'il m'arrive quelque chose?" Le "dire"
du Duc témoignant à nouveau d'un refus de *faire*, Célie met encore une fois
un terme au débat:

CELIE—. (avec un peu d'emportement). Tout comme il vous plaira, Monsieur de Clerval, mais je vous jure que si vous avez la fureur de disserter, vous aurez le plaisir de
disserter tout seul. (*Has.*, p. 147)

Les caractères romains propres au verbal du discours à la première personne
font alors place aux italiques du non verbal, et de la narration à la troisième
personne: l'"éditeur" passe à présent au premier plan, et sa voix va constituer le truchement nécessaire à la compréhension des événements subséquents.

Le passage d'un caractère à l'autre équivaut à bien plus qu'un simple
artifice de présentation, destiné à faciliter le déchiffrement du texte en
fonction de la distribution de celui-ci en verbal et en non verbal. Crébillon
paraît en fait réserver l'italique à l'action décisive, opposée à un discours
toujours entaché de statisme.[23] On trouvera une confirmation de cette
hypothèse dans un roman épistolaire tel que les *Lettres de la Marquise*, où,
si l'emploi des caractères romains est réservé aux *lettres* proprement dites,
c'est-à-dire à la description par un *je* qui s'affirme présente à soi-même et
maîtresse de sa volonté, de divers états extérieurs ou intérieurs, les italiques
sont au contraire utilisées pour les *billets*, missives brèves annonciatrices de
changements brusques, voire de ruptures radicales dans les rapports entre
les deux protagonistes. Au niveau temporel, le futur de l'indicatif ou l'im-
pératif du projet y prennent le pas sur le présent et les temps passés d'une
narration d'anecdotes qui n'est en fait que description, dans la mesure où
l'épistolière ne s'y engage pas personnellement; bien plus, la successivité
y est temporairement mise en échec dans la mesure où, contrairement aux
lettres, les billets ne sont pas numérotés; leur surgissement est inclassifiable,
irrégulier, comme l'est l'état d'âme de leur scriptrice, temporairement mais
toujours irrévocablement dépouillée de sa présence à soi en même temps
qu'elle se livre—et se délivre—entièrement au regard de l'autre, objet de son
désir.

Ainsi, dans son premier billet, la Marquise prévient-elle le Comte qu'il
ait à l'accompagner pour une affaire de la dernière importance; en fait, elle
lui donne un rendez-vous, tout en feignant de rire de ses mines d'amoureux
transi. Le billet de la p. 371 contient les détails du plan d'action qu'elle a
imaginé pour se ménager un entretien avec son amant, à la faveur de l'incognito d'un bal masqué. Mais c'est surtout dans la séquence constituée par
les lettres XXVII, XXVIII et XXIX et les trois billets qu'elles encadrent
qu'on trouvera une frappante illustration de la présente thèse. La séquence

en question constitue en effet un point-charnière de la monodie épistolaire. Si XXVII et XXVIII représentent l'ultime effort par lequel l'héroïne tente de se raccrocher au platonisme, les billets en sont le déni absolu et—pour le dernier—décisif.

Après avoir été victime d'une attaque en règle de la part du Comte, interrompue par l'arrivée inattendue de son époux, la Marquise, prétendant avoir recouvré sa raison, se détermine à cesser de voir son amant. Or, dès le billet de la p. 429, elle prend pitié de sa triste physionomie et lui fixe rendez-vous à l'Opéra. Le billet qui suit immédiatement fait allusion à un soupir, à un regard, mais refuse d'en expliquer la signification et constitue, par le silence même auquel il équivaut, l'aveu-action, la preuve la moins ambiguë qui soit. Le désir de l'héroïne a, lui, clairement et définitivement parlé: la Marquise invite le Comte à venir la rejoindre chez elle. Et le silence révélateur, valant-pour paradigmatique de la parole véridictoire, se double enfin, sur le plan syntagmatique, d'un silence supplémentaire qui vient à son tour ouvrir un creux au sein du discours épistolaire: l'*éditrice* des *Lettres* informe son lecteur qu'une partie de la correspondance a été supprimée.

Ce sont ces creux diégétiques où s'interrompt le récit sentimental, que vient remplir le narrateur-éditeur du récit libertin. Alors que la mimésis dialogique s'était investie et distribuée en paroles dont la fonction était de mieux cacher les pensées, et qui s'étaient de plus avérées impuissantes à débloquer la situation, une mimésis diégétique lui succède, représentation narrative de gestes qui se font parole; agir, même en silence, surtout en silence, c'est à présent dire quelque chose pour enfin ne dire—véridique-ment—*qu'une chose à la fois.*

La courte sous-séquence narrative qui suit l'instant où s'interrompt le discours va être le lieu d'un complexe de déplacements d'une grande subti-lité. On doit d'ailleurs y voir un pendant non verbal à l'échange verbal auquel ont été consacrés les développements précédents, et dans lequel les paires signifiantes de base continueront à jouer le rôle déterminant que l'on sait. Soit (*Has.*, pp. 247-49):

1. Célie "fait un mouvement pour se lever."[24]
2. Le Duc "court lui donner la main, et la conduit au fauteuil qu'occupait la Marquise."
3. "Elle s'y jette, ou s'y place d'une façon tout à fait négligée."
4. Le Duc "croit avoir senti qu'elle lui a pressé assez tendrement le bout des doigts."
5. Ils échangent des regards dont la signification est évidente. Il est possible,

ajoute l'éditeur, que le Duc n'ait la "preuve complète" de son propre désir qu'en cet instant précis.

6. Chacun hésitant sur la marche à suivre, le *statu quo* continue à régner. Instant d'immobilité complète.

7. Célie, transie de froid, et "rêvant au point qu'elle finit par se croire seule," se découvre un peu plus qu'il ne faudrait.

8. Incapable de résister, le Duc s'élance sur elle.

On constatera tout d'abord qu'en abandonnant sa chaise longue, Célie a renoncé à une zone de froid excessif, contre lequel ses édredons la protégeaient imparfaitement, au profit d'une zone de chaleur elle aussi placée sous le signe de l'excès. Et alors qu'allongée loin du feu elle se couvrait pour avoir chaud, assise au coin du feu, c'est à présent *en se découvrant* qu'elle tente de se réchauffer—et ses efforts ne seront que par trop couronnés de succès: pour Célie, l'écran qui protégeait la Marquise contre l'ardeur du foyer a cessé d'être efficace. Il semble, au contraire, que les objets se métamorphosent à son contact et que le "coin de la Marquise," naguère siège de l'estime, soit devenu celui du goût le plus débridé: le fauteuil dans lequel s'est si négligemment jetée la jeune femme se révèle alors, selon une étymologie fantaisiste mais de rigueur, celui-là même qui invite à "fauter": "Il est de plus à noter que Célie est dans un de ces grands fauteuils qui sont aussi favorables à la témérité que propres à la complaisance" (*Has.*, p. 250). La fusion du décor et de la parole est totale, et tout est truqué. Les mots-pièges, les meubles-piégés sont tous à double fond. En s'exposant imprudemment au feu du désir comme au désir du feu, Célie est devenue leur victime; elle a définitivement perdu l'ancrage de la chaise longue sur laquelle elle était initialement étendue à l'instant même où, comme il l'avait fait pour accompagner la Marquise vers la zone de l'estime et des contrats exécutés, le Duc la fait passer dans la zone où l'assujettiront irrévocablement les ardeurs du goût. Comment l'écran qui protégeait la Marquise contre l'excès du feu pourrait-il être d'aucune utilité à Célie? En jouant avec le feu, n'a-t-elle pas renversé ledit écran? Mieux, ainsi qu'il devient de plus en plus évident, cet écran, ne l'est-elle pas elle-même devenue?

En une admirable exclamation, Célie tente une dernière fois de s'agripper aux "couvertures" qui lui échappent:

Ah! Monsieur de Clerval! . . . Y pensez-vous? . . . Monsieur de Clerval! . . . *Devais-je?* Eh bien donc! . . . *Aurais-je dû?* . . . Et vous ne m'aimez pas! *Au moins* dites-moi *donc* que vous m'aimez! (*Has.*, p. 250; c'est nous qui soulignons)

La réplique tire sa férocité burlesque de deux procédés rhétoriques: tout d'abord, la gradation qu'assurent un imparfait et un conditionnel passé verbe *devoir*, symbolisant l'irrémédiable glissement, dans le passé, du moment, et surtout la redondance du "au moins" et du "donc" dans la dernière phrase. Cette succession d'interjections ainsi que la parataxe con-notrice de désordre de l'esprit et des sens ont pour point culminant un raté stylistique—"*Au moins* dites-moi *donc*"[25]—image parlante et annonciatrice de celle de la main qui, dans le domaine du non-verbal, après s'être risquée à faire des avances, tente à présent de mettre la jeune femme à l'abri des entreprises de son séducteur malgré lui:

> Le Duc, enfin, lui prend une de ses mains et la lui baise; de l'autre elle *se couvre* le visage. Comme dans un état si violent, il lui est impossible de songer à tout, il se trouve que *c'est la seule chose qu'elle trouve à dérober* à l'admiration de M. de Clerval. (*Has.*, p. 251; c'est nous qui soulignons)

Celui-ci ne va pas tarder à procéder au rétablissement nécessaire. Ayant repris le contrôle de lui-même, et au terme d'une séquence où l'incertitude sur le statut des acteurs s'exprime tant par sa propre immobilité au coin de la cheminée[26] que par les déambulations par lesquelles la jeune femme croit devoir manifester l'indignation de rigueur, Clerval, recourant à la force, lui manque une fois de plus de respect. Non plus dans la zone du désir, cepen-dant, mais sur la chaise longue, située dans celle, contraire et complémen-taire, du mépris et dont les connotations qu'elle véhicule sont à présent on ne peut plus claires.[27]

On sait que Célie tentera une dernière fois de se couvrir, en opposant à l'ardeur de Clerval la froideur que doit manifester une femme honnête prise malgré elle, l'absence de plaisir étant officiellement inséparable de tout acte sexuel non motivé par la tendresse ou le goût. Il s'agit en quelque sorte de couvrir *le froid par le froid* tout en restaurant symboliquement la belle immobilité perdue:

> CELIE, *avec plus de désir que de pouvoir de se fâcher beaucoup—.* Monsieur . . . je vois bien quelle est votre intention . . . mais je vous avertis, si vous n'aimez pas les *statues*, que vous en trouverez une.
> LE DUC, *du plus grand sérieux—.* Qu'à cela ne tienne: cette menace ne m'effraie pas; il semble que Prométhée m'ait légué son secret.
> (*Has.*, p. 262; nous soulignons *statues*)

Héritier déclaré de Prométhée, le Duc va animer celle qui est à présent sa créature, en lui insufflant le feu-ardeur dont il est porteur, en la révélant pour ce qu'elle est, "une machine à plaisir": elle est forcée, "non de s'avouer vaincue, mais de prouver qu'elle l'est" (*Has.*, p. 263).

Dans la séquence conclusive, Clerval, après avoir parachevé son ouvrage et s'être entretemps ménagé un souper en tête-à-tête avec Célie,[28] rejoint enfin la Marquise, à laquelle, avec une ironie évidente—car comment admettre qu'après toutes ses promesses le Duc ne soit qu' *"un peu* éteint"?—l'éditeur emprunte et donne le mot de la fin, confirmant ainsi la nature héroïque prédominante que la première partie de cette étude avait conduit à lui reconnaître:

Il quitte Célie et va chez la Marquise qui, si pour nous servir de ses propres termes, elle le revoit toujours fort tendre, doit, cette fois, selon toutes les apparences, le retrouver un peu éteint. (*Has.,* p. 287)

Compte tenu des éléments fournis par la présente analyse, on doit conclure que la construction concessive—"si . . . elle le revoit"—de cette phrase conclusive est un leurre, masquant en vérité une relation causale. On a déjà pu constater la valeur ambiguë des prépositions "avec" et "malgré" dans "avec et malgré tout cet édredon-là": "avec" signifiant tout à la fois "à cause de" et "malgré" (puisque "l'édredon-préjugés" ne peut que tenir froid). De même, si le Duc *revient* à la Marquise, c'est, tout nous le confirme, parce qu'il est "un peu" éteint (c'est d'ailleurs le seul feu qui se soit éteint au terme du dialogue): libéré tant de l'ardeur du désir que du froid du mépris qu'il a transmis à une autre, il peut à présent revenir tendre à sa maîtresse. Célie, nouvelle Pandore, a ouvert la boîte défendue dont a surgi, tel un diablotin, le moment. Et le Duc, héritier d'un Prométhée maître du feu autant que du langage, en même temps qu'il insufflait à la jeune femme ce qui pour elle est le principe vital du mépris, lui a subtilisé l'estime qu'elle détenait indûment, pour la restituer à la Marquise, sa titulaire authentique.

Ainsi la littérature libertine réécrit-elle—en les distordant autant que besoin est—les mythes consacrés . . . et découvre, avec Franklin, le principe du paratonnerre: qu'a fait Célie que de détourner la foudre, si chère à son imagination, qui menaçait sa rivale? N'est-elle pas une des ces "bicoques" auxquelles, dans un contexte différent, faisait allusion Clerval, dont la prise ou la destruction assure ici la conservation ou la survie de constructions plus dignes de durer?

On n'aime bien que ce que l'on estime, mais on ne désire peut-être bien que ce que l'on méprise: sont-ce là deux morales complémentaires de cette fable-dialogue—et de l'œuvre de Crébillon tout entière? Si la femme estimable sert de couverture à la femme galante, c'est bien parce que celle-ci est pour elle le paravent—l'écran—qui la protège de ce feu auquel elle a si peur de s'exposer, en même temps que le point de référence indispensable qui, par l'intermédiaire de la médisance à lui appliquée, rassure la femme *presque* honnête sur le degré d'estime qui lui est dû: la surestimation de l'une dépend de la sous-estimation de l'autre.

Chapitre II

# LE MÉPRIS, LA MALADIE ET
# LA MÉTAPHORE RÉVERSIBLE:
# LES *LETTRES DE LA DUCHESSE, LE SOPHA*

On est assez loin, on le voit, des sourires de *La Nuit et le moment* et de son épigraphe empruntée à Ovide: "Lisez, Censeurs rigides: il n'y a point ici d'amour criminel." Amour-tendresse et érotisme du goût sont à la fois renvoyés dos à dos et déclarés indissociables, puisque le premier ne peut survivre que grâce à la mise en veilleuse du second. L'amant parfait serait-il l'impuissant, et le bonheur de la Zéphis du *Sopha* ne serait-il pas un leurre?

Oui, Mazulhim, soyez-moi fidèle, et puissé-je toujours vous trouver tel que vous êtes actuellement. Ce que j'y perdrais du côté de ce que vous appelez les plaisirs, ne le retrouverais-je pas bien dans la certitude que vous seriez constant? (*Sopha*, p. 151)

*Le Hasard* témoigne d'ailleurs d'un glissement par rapport à cet épisode du *Sopha*: si dans ce dernier la femme voit dans l'impuissance de l'amant une protection contre l'inconstance (et donc le mépris rétrospectif), dans *Le Hasard* on se met à l'abri de ce même mépris en permettant—voire en incitant—l'amant à "épurer" ses feux ailleurs: c'est l'infidélité qui assure la durée de la constance. La situation est curieusement inversée, mais nous sommes loin de proposer ici une hypothèse gratuite, car la théorie qu'elle suppose—de même que sa pratique—implicitement reflétées par *Le Hasard*, sont explicitement développées dans la seconde monodie épistolaire de Crébillon, les *Lettres de la Duchesse*, postérieures de trente-six ans à la publication des *Lettres de la Marquise* et de cinq ans seulement à celle du *Hasard* lui-même.[1]

La production littéraire de Crébillon peut faire l'objet d'une classification tripartite, puisqu'elle se subdivise grossièrement en romans épistolaires, en contes parodiques et en dialogues, avec l'unique exception des *Egarements*, inachevés. La première partie de cette étude a démontré à quel point l'armature syntagmatique d'un dialogue libertin peut coïncider avec celle du conte merveilleux traditionnel. On sait par ailleurs que dans *L'Ecumoire* aussi bien que *Ah, quel conte!*, ouvrages l'un de jeunesse, l'autre de maturité, Crébillon se plaît à parodier le genre du conte merveilleux. On remarquera que la parodie ne porte pas sur les contes féeriques de la grande époque—sur les contes de fées "classiques"—mais bien plutôt sur ceux qui, au crépuscule du grand siècle, dénoncent le pouvoir de fées devenues tyrannes et dont ils dépeignent la chute.

Il est aisé d'établir un parallèle entre telle diatribe dirigée contre l'incohérence du pouvoir des fées dans le chapitre initial de *L'Ecumoire* et le paragraphe introductif d'un conte tel que *La Tyrannie des fées détruite* de Madame d'Auneuil:

On n'ignore pas que ces intelligences, consultant plus le caprice que la raison, en [le monde] devaient assez mal régler la conduite. (*Tanz.*, p. 108)[2]

... leur sexe, les intérêts qui l'animent, peu importants quelquefois mais toujours vifs; la jalousie du commandement, celle de la beauté, l'envie de faire parler d'elles, la fantaisie qui, pour des Déités femelles, est un motif considérable, faisaient naître entre ces puissances les guerres les plus sanglantes. (ibid.)

Après la parodie, l'original possible:

Le pouvoir des fées était venu à un si haut point de puissance, que les plus grands du monde craignaient de leur déplaire. Cette maudite engeance, dont on ne sait point l'origine, s'était rendue redoutable par les maux qu'elles faisaient souffrir à ceux qui osaient leur désobéir.[3]

De ces deux attaques, la première en date est dirigée, avec le plus grand sérieux, contre un genre dont, pour divers motifs, on souhaite la disparition complète, l'autre brocarde avec un sourire le pouvoir des fées, aussi bien que celui des contes qui les mettent en scène, mais surtout celles à qui le genre doit sa vogue persistante: les femmes, auteurs et lectrices de récits qui sont devenus autant de versions portatives de la *Clélie* ou du *Grand Cyrus*.

Ce que le narrateur crébillonien—et ses héros les plus éclairés—mettent en cause, c'est le pouvoir des femmes, et la féminisation tant d'une littérature où les grands genres "virils," tragédie, épopée, se survivent tant bien que mal, que d'un monde où le succès dépend de leur suffrage.[4] Les pouvoirs magiques des fées relèvent alors d'une fonction métaphorique indéniable, dont l'allégorie, tout comme dans les modèles parodiés, n'est pas absente, et dont l'élément essentiel correspond à la faculté qu'elles ont de métamorphoser leurs victimes, contrepartie "merveilleuse" du pouvoir de défigurement qui leur est dévolu dans le monde: les fées de *L'Ecumoire* et de *Ah, quel conte!* sont, sur le mode burlesque, les sœurs des figures féminines des *Egarements*.

De même, les *Lettres de la Duchesse*, situées dans la zone "tendre" du spectre crébillonien, et traditionnellement rangées au nombre des peintures réalistes des mœurs contemporaines, rassemblent discrètement tous les ressorts narratifs d'un conte de fées qui, tels *L'Aguillette* de Madame de Murat ou *Le Nain jaune* de Madame d'Aulnoy, finirait mal. On peut y lire en filigrane l'histoire d'une fée bienfaisante amoureuse d'un mortel—situation déjà exploitée, ouvertment, et sur le mode comique, en 1754 dans *Ah, quel conte!*—mais se refusant, en accédant à ses désirs, à perdre ses pouvoirs et son immortalité. Elle se contente donc de guider ses pas, elle assiste en spectatrice à la marche des aventures amoureuses qu'elle lui passe, et dans lesquelles, ainsi que dans les épreuves qu'il doit affronter, elle lui accorde son assistance. Elle va même jusqu'à tout mettre en œuvre afin que celui qu'elle aime puisse épouser la princesse idéale qu'elle lui destine. C'est à l'instant où ce mariage s'apprête, et où la fée elle-même, ignorant finalement la rigueur des lois qui la régissent, consent à s'abandonner aux désirs de son protégé, qu'un affront inexpiable de l'ingrat la décide à s'éloigner de lui et à s'exiler pour jamais dans son royaume de féerie.

Telle serait la version "merveilleuse" du récit dont les *Lettres de la Duchesse* sont la réécriture "réaliste": une femme mariée amoureuse d'un libertin s'éloigne de lui afin de se protéger contre les dangers d'une passion qu'elle sait devoir être malheureuse. Tout en s'occupant de sa fortune présente—les traces et les suites d'un procès[5]—et de son établissement futur—un mariage avantageux destiné à restaurer sa fortune—elle entretient avec lui une correspondance dans laquelle elle ne dédaigne pas de le conseiller sur la marche de ses multiples aventures libertines. C'est alors que l'amant se rend coupable d'une infidélité d'une particulière gravité, équivalant en fait à une véritable inconstance, compte tenu de la nature de l'objet choisi ainsi que de la publicité à laquelle celui-ci, une Madame de Li***, entend la soumettre: publicité qui tendrait, au bout du compte, à compromettre l'héroïne elle-même. Celui-ci met donc un terme définitif à une liaison dont elle s'apprêtait à bannir le platonisme. Bien plus, malgré un veuvage subséquent, elle repousse la demande en mariage de son ancien amant: la retraite et le silence seront désormais son lot.

Le roman contient une série de variations sur les rapports entre tendresse et goût, d'une part, estime et mépris, de l'autre, dans la veine crébillonienne la plus traditionnelle; telle cette réflexion sur les effets fâcheux qu'une liaison imprudente peut entraîner pour la réputation—donc la valeur d'échange —de celui qui s'y engage: